高等院校**电子商务类**
新形态系列教材

电商
视觉营销

全彩微课版

王兆阳 陈玉 涂雯倩◎主编
白玫 杨璐璐 李晓琳◎副主编

人民邮电出版社
北 京

图书在版编目（CIP）数据

电商视觉营销 ：全彩微课版 / 王兆阳，陈玉，涂雯倩主编. -- 北京 ：人民邮电出版社，2024. --（高等院校电子商务类新形态系列教材）. -- ISBN 978-7-115-65035-1

Ⅰ. F713.365.2

中国国家版本馆 CIP 数据核字第 2024638LR6 号

内 容 提 要

在激烈的电商竞争中，引人注目的视觉效果对于吸引消费者、推动销售至关重要。电商视觉营销便是以视觉设计为基础所进行的市场营销活动。如今它已成为电商竞争的有效手段。本书在介绍电商视觉营销基础知识后，又分别介绍了品牌视觉营销、商品视觉营销、店铺首页视觉营销、商品详情页视觉营销、广告与活动视觉营销、电商短视频视觉营销的相关知识。全书理论联系实际，并且融入实战案例，可以帮助读者更好地掌握电商视觉营销的相关技巧。

本书既可以作为高等院校视觉营销课程和各类电商视觉营销培训机构的教材，也可以作为电商视觉营销相关从业人员的参考书。

◆ 主　编　王兆阳　陈　玉　涂雯倩
　　副主编　白　玫　杨璐璐　李晓琳
　　责任编辑　林明易
　　责任印制　胡　南

◆ 人民邮电出版社出版发行　　北京市丰台区成寿寺路 11 号
　　邮编　100164　电子邮件　315@ptpress.com.cn
　　网址　https://www.ptpress.com.cn
　　北京博海升彩色印刷有限公司印刷

◆ 开本：787×1092　1/16
　　印张：11.5　　　　　　　　　2024 年 10 月第 1 版
　　字数：276 千字　　　　　　　2025 年 3 月北京第 3 次印刷

定价：69.80 元

读者服务热线：(010)81055256　印装质量热线：(010)81055316
反盗版热线：(010)81055315

前　言

　　"加快发展数字经济，促进数字经济和实体经济深度融合，打造具有国际竞争力的数字产业集群"是我国现代化产业体系建设的重要目标，同时也是党的二十大报告中提出的建设现代化产业体系的重要任务。电子商务（简称"电商"）作为数字经济的主要代表之一，其市场正在不断发展壮大，与此同时市场中商品同质化现象加剧，这给消费者网购和商家竞争带来了较大的挑战。在此背景下，电商视觉营销便显得尤为重要。一套出色的视觉营销方案，不仅能够凸显商品的独特之处，使其在同类商品中脱颖而出，还能强化消费者的记忆点，激发消费者的购买欲望，并延长其在店铺的停留时间，增加消费者购买商品的概率。

　　针对电商视觉营销领域的发展，以及高等院校教育教学需求的变化，我们在传统的电商视觉营销的基础上进行了全新的内容设计。在传统的平面设计基础上，新增了移动端视觉设计和电商短视频视觉营销的内容，与此同时，本书使用 Photoshop 2020 进行案例实践的相关操作内容，并提供了课堂实训和课后练习，以有助于提高读者的设计素养。

本书内容

　　本书从电商视觉营销的角度出发，全面系统地介绍了电商视觉营销的基础知识和实际应用方法，旨在帮助相关从业人员不断提高电商视觉营销的能力。本书共7章，可分为3个部分展开学习，各部分的具体内容介绍如下。

　　第1部分（第1章）：主要介绍电商视觉营销的基础知识，包括电商视觉营销的概念、数据指标、价值、基本要求，以及电商视觉营销的内容构成和一般流程，旨在帮助读者分析不同店铺的视觉营销的特点。

　　第2部分（第2章～第6章）：主要介绍电商视觉营销设计的具体实践，其中包括品牌视觉营销设计、商品拍摄与图片美化、商品主图视觉营销设计、店铺首页视觉营销设计、商品详情页视觉营销设计、广告与活动视觉营销设计等内容。通过这几章的学习，读者可以熟悉电商视觉营销的主要应用范围和操作方法，从而快速掌握电商视觉营销的实战技巧。

　　第3部分（第7章）：主要介绍基于短视频的电商视觉营销，包括短视频的特征与优势、短视频的视觉营销价值，并从主图短视频和详情页短视频两个方面，介绍其内容选择、制作规范和制作方法，旨在帮助读者掌握电商短视频的视觉营销知识。

本书特色

本书作为电商视觉营销的学习教材，与目前市场上的其他同类教材相比，具有以下特点。

（1）思路清晰，知识全面。本书从电商视觉营销的宏观角度出发，知识结构分布合理，内容循序渐进、层层深入，可以使读者对电商视觉营销的内容、价值、应用等方面进行全面了解。

（2）案例丰富。本书每章的章首页后均有"案例展示"板块，可以引导读者学习，并且在正文知识讲解的过程中穿插了对应的图示和案例，具有较强的可读性和参考性，可以帮助读者快速理解并掌握相关知识。

（3）理论与实践相结合。本书在讲解理论知识的同时，以课堂实训的形式来加强读者对知识的理解与掌握。此外，书中还设计了"课后练习"板块，以帮助读者更好地进行知识的巩固和应用。

（4）能力与素养提升。本书设置有"知识补充""经验之谈""职业素养"小栏目，用以补充与书中所讲内容相关的知识、经验和设计素养，既可以帮助读者更好地总结和消化知识，又能拓宽读者的知识面。

学时安排

本书作为教材使用时，课堂教学建议安排 30 学时，实训教学建议安排 18 学时。各章主要内容和学时安排如表 1 所示，教师可以根据实际情况进行调整。

表1　各章主要内容和学时安排

章序	主要内容	课堂学时	实训学时
第 1 章	电商视觉营销基础	3	1
第 2 章	品牌视觉营销	4	2
第 3 章	商品视觉营销	4	2
第 4 章	店铺首页视觉营销	6	3
第 5 章	商品详情页视觉营销	4	3
第 6 章	广告与活动视觉营销	4	3
第 7 章	电商短视频视觉营销	5	4
学时总计		30	18

教学资源

为了方便教学，我们为使用本书的教师提供了丰富的教学资源，包括教学大纲、电子教案、题库软件、PPT 课件、素材文件、效果文件。如有需要，用书教师可登录人邮教育社区（www.

ryjiaoyu.com）搜索本书书名或书号获取相关教学资源。

本书教学资源及数量如表2所示。

表2　本书教学资源及数量

编号	教学资源名称	数量
1	教学大纲	1份
2	电子教案	1份
3	题库软件	1份
4	PPT课件	7份
5	素材文件	239个
6	效果文件	75个

为了帮助读者更好地使用本书，本书编者为书中的案例录制了配套的微课视频。读者可以通过扫描书中的二维码观看微课视频，这些微课视频资源可以帮助读者更加直观地学习相关操作。

本书微课视频的名称及二维码所在页码如表3所示。

表3　微课视频的名称及二维码所在页码

章节	微课视频名称	页码	章节	微课视频名称	页码
2.2.1	设计品牌标志	33	4.6.2	制作商品促销展示区	91
2.2.2	设计标准字体	35	4.7.2	制作页尾	95
2.2.3	设计标准色彩	36	4.8.3	制作移动端店铺首页	100
2.2.4	设计辅助图形	37	5.2.2	制作商品焦点图	119
2.2.5	设计商品包装	38	5.3.2	制作商品卖点图	121
2.2.5	设计售后服务卡	40	5.4.2	制作商品细节图	125
3.2.1	校正变形的商品图片	52	5.5.2	制作商品参数图	126
3.2.2	调整商品图片的色彩	53	5.6.2	制作商品关联营销图	129
3.2.3	去除商品图片中的多余物体	54	6.1.2	制作直通车图	137
3.3.3	制作商品主图	60	6.1.3	制作引力魔方图	139
4.2.3	制作店招与导航	74	6.2.4	制作年货节活动页	146
4.3.3	制作全屏海报	81	7.2.3	制作主图短视频	162
4.4.2	制作优惠活动区	86	7.3.3	制作详情页短视频	168
4.5.2	制作商品分类区	89	—	—	—

本书编者

本书由王兆阳、陈玉、涂雯倩担任主编，白玫、杨璐璐、李晓琳担任副主编。在本书编写过程中，河南锦鲤文化传播有限公司提供了大量的案例素材和参考资料，并深度参与本书的编写和审校工作，编者在此表示诚挚感谢！由于作者知识水平有限，书中难免存在不足之处，欢迎广大读者、专家批评指正。

编　者
2024 年 6 月

目　录

第5章
商品详情页视觉营销

第6章
广告与活动视觉营销

第7章
电商短视频视觉营销

第 1 章

电商视觉营销基础

本章导读

在电商平台购买商品时，消费者无法像在线下实体店铺购买商品一样去亲手触摸和感受商品，只能通过查看商品的文字描述、图像或视频等信息，获取对商品的基本认知。在当今时代，电商视觉营销是提高商品附加价值、促进商品销售的重要手段之一。因此，电商视觉营销的概念、数据指标、价值、基本要求、内容构成和一般流程，是每个电商行业的从业者都应该掌握的基础知识。

知识目标

1. 熟悉电商视觉营销的概念、数据指标、价值、基本要求
2. 了解电商视觉营销的内容构成
3. 熟悉电商视觉营销的一般流程

能力目标

1. 能够按照合理的流程进行电商视觉设计
2. 能够分析并学习优秀的电商视觉营销案例

素养目标

1. 培养电商视觉设计能力和营销能力
2. 培养基本审美能力，包括对文字、色彩、摄影的欣赏和理解

建立视觉层级　　　　　　　　　　　　　　　　　　视觉创意

1.1 认识电商视觉营销

近年来，随着电商的快速发展，人们的购物方式逐渐从传统的线下商场购物转变到线上网络购物，网络购物逐渐日常化。在当前的电商平台中，电商营销以视觉营销为主，商家大多通过视觉手段来达到营销目的。消费者在电商平台中接触到的所有信息，大多可以算作视觉营销的范畴。视觉营销这种主流的电商营销方式不仅能激发消费者的兴趣，还能促进商品的成交。

1.1.1 电商视觉营销的概念

了解电商视觉营销，应先分别了解视觉和营销这两个概念。

视觉是人的第一感觉，是人们获取外界信息的主要途径。人们对物体的大小、颜色等的感知都可以依靠视觉来获取。从电商心理学的角度来看，有效的视觉刺激可以引起消费者对商品和品牌的高度关注，加深他们对商品和品牌的印象，进而使其对商品和品牌形成特殊的联想。

营销是推广和销售商品或服务的系统性过程，涉及市场调查、策略制定、广告推广等环节，其核心在于深入了解目标群体的需求，通过创新的营销手段，满足这些需求，进而创造价值、获取利润。

因此，电商视觉营销可以被理解为通过影响人们的视觉感受来达到营销目的的方式，其中视觉是手段，营销是目的，视觉以营销为出发点，营销则通过视觉来实现，两者是相辅相成的关系。

电商视觉营销不仅是一种营销方式，也是一个营销过程。商品卖点、商品信息、品牌信息、服务信息等因素都可以影响消费者决策，而这些信息又可以通过视觉传达给消费者，从而提高商品点击率、转化率，最终增加利润，甚至提升品牌形象。电商视觉营销主要通过色彩、文字、图像、视频等视觉元素，展现商品信息、服务信息、促销信息、商品分类等消费者能够看到的视觉化信息，从而打造出视觉营销"磁场"效果，达到促进商品销售、树立品牌形象的目的，如图1-1所示。

图1-1　电商视觉营销过程

　　图 1-2 所示的苹果广告图，首先营造了一个阳光、清新、自然的视觉空间，对商品的生长环境进行了视觉表现和传达，同时还通过"长武苹果""来自海拔 1200 米的自然馈赠"文案来展示商品卖点，不仅体现了商品的特点和优势，还带给消费者该商品产地优质、天然生长的印象，能够有效激发消费者的购买欲望，最终达到销售商品的目的。

图1-2　苹果广告图

1.1.2　电商视觉营销的数据指标

　　电商市场是数据化运营的市场，视觉营销的效果主要通过店铺经营数据来体现。流量、转化率和客单价是店铺经营数据的三大指标，能够反映店铺视觉营销的效果。若营销效果不佳，就需结合这三大数据指标对各个功能页面进行优化。

1. 流量

　　流量是指店铺的访问量，主要用来描述一个店铺的访客数量及浏览的商品页面数量等指标。流量是店铺的立身之本，对于后续的商品转化和成交至关重要。影响流量的因素非常多，如商品图片、商品标题关键词、商品价格、商品的综合排名等。其中，商品图片作为店铺流量的主要影响因素之一，其视觉设计越符合消费者喜好和平台运营规则，就越能起到引流作用。因此，商品图片的视觉营销效果与店铺的最终视觉营销效果直接相关。

　　在淘宝、京东等电商平台上，店铺流量主要分为自然流量和活动流量两种类型。

　　（1）自然流量

　　自然流量是指消费者在电商平台中主动浏览、搜索、点击商品时产生的流量，主要包括类目流量和自然搜索流量。

　　• **类目流量**。类目流量是指消费者通过平台的类目寻找商品时产生的流量。以"运动服饰"类目为例，当消费者想购买运动 T 恤时，在京东首页的"运动服饰"类目下单击"T 恤"超链接，进入 T 恤商品类目搜索的结果页面并选择商品时，产生的流量就是类目流量，如图 1-3 所示。

图1-3　"T恤"类目搜索的结果页面

- **自然搜索流量。** 自然搜索流量是指消费者通过电商平台的搜索引擎搜索商品时产生的流量。例如，消费者想购买一款男士运动T恤，在京东首页的搜索框中输入"男士运动T恤"，并在打开的男士运动T恤商品自然搜索的结果页面中选择商品时，产生的流量就是自然搜索流量，如图1-4所示。

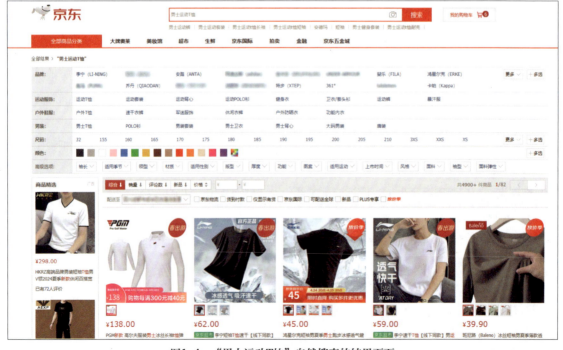

图1-4　"男士运动T恤"自然搜索的结果页面

类目搜索和自然搜索的结果页面显示的主要信息包括商品主图、商品标题和商品价格等。其中，商品主图是影响消费者是否点击的主要因素，大部分消费者会通过浏览商品主图获取商品的基本信息，并依据商品主图的视觉效果决定是否继续访问商品页面。除了类目流量和自然搜索流量，消费者从店铺收藏、商品收藏、购物车、物流信息等页面进入店铺和商品页面产生的流量也属于自然流量。这些流量渠道展示的商品信息同样以商品主图、商品标题、商品价格为主。

> **知识补充**
>
> 类目流量和自然搜索流量的获取都与商品的排名相关，排名越靠前的商品，展示位置就越靠前，流量也越高。因此，除了优化商品主图，商家还应做好商品的综合排名优化。

（2）活动流量

活动流量是指商家参与电商平台活动，以及使用平台引流工具获得的流量。以淘宝网为例，聚划算、直通车、天天特价、淘宝客等产生的流量都属于活动流量。活动流量主要包括免费流量和付费流量两种类型。

- **免费流量**。免费流量通常对店铺资质有一定要求，只有店铺达到要求时才可以申请，免费参加活动，获取流量。
- **付费流量**。付费流量需要商家支付一定的活动推广费用。活动不同收费形式也不同，如有按点击次数或展示次数收费的活动，也有付费竞拍"坑位"的活动。平台引流工具主要以竞价广告形式为商家提供流量。

2. 转化率

转化率是指进入店铺并产生购买行为的人数和进入店铺的人数的比率。转化是在店铺流量的基础上产生的，当消费者被各个引流渠道的商品图片吸引，点击查看商品详情并产生购买行为时，转化就会形成。

优化商品详情页和店铺首页在提升转化率方面起着至关重要的作用。如果商品详情页的商品描述清楚、图片清晰美观、结构排版得当，将有助于提高转化率。当消费者发现店铺首页的装修美观且便捷，就会对店铺产生比较好的印象，提升对店铺的好感度，从而间接地提高转化率。反之，如果商品描述不清晰、图片不美观、店铺首页装修效果不好，消费者就无法获取所需信息，从而可能会放弃下单。甚至由于店铺首页的装修效果不好，消费者可能会对店铺商品的品质产生怀疑，从而不再光顾该店铺。

图1-5所示为洗衣液商品详情页，该详情页图片美观，结构清晰，搭配的文案从多个角度对商品信息进行了展示和说明，整个详情页在视觉设计上既能吸引消费者，又能满足消费者全面了解商品的需求，对提升商品转化率起到了积极的作用。

图1-6所示为卫浴用品店铺首页，该页面的装修效果兼顾了美观性和实用性。清晰、有效的分类和商品展示可以引导消费者预览店内商品，同时展示的热销单品还能引导消费者进入商品详情页，促成最终的转化。

图1-5　洗衣液商品详情页

图1-6　卫浴用品店铺首页

3. 客单价

客单价是指每一位消费者购买商品的平均金额，在同等成交人数的基础上，客单价越高，店铺的销售额就越高。因此对于商家而言，在成交人数一定时，要想提高客单价，就要尽可能提高每一位消费者的单笔购买金额。

提高消费者单笔购买金额的方式有关联销售、营销活动、维护老客户和客服推荐等，其中关联销售、营销活动与视觉营销的联系比较大。

（1）关联销售

关联销售是指在合适的地方放置合适的关联板块，优化店铺和商品页面整体布局的同时，在视觉上对消费者进行引导和影响，提升销售效果。

关联销售主要针对强关联性的商品，如某服装品牌的搭配套餐，选择了毛衣、裙子、鞋子与羽绒服进行搭配，该搭配效果通过模特展示在商品详情页中。这种做法能够让消费者直接看到搭配效果，在视觉上有效引导消费者主动去了解并购买所搭配的商品，从而提高客单价。图1-7所示为大衣详情页中通过两种商品的搭配展示以实现关联销售的做法，消费者点击商品图片即可跳转到对应商品详情页中进行购买。

若商品关联性较弱，可以通过系列推荐的方式，让消费者进行横向对比，增加消费者浏览时长，降低店铺的跳失率，或者通过热卖推荐或新品推荐等方式，吸引消费者的注意，进而提升其他商品的浏览量。图 1-8 所示为在同款大衣详情页中，采用系列推荐的方式展现同系列中的其他服装，并以成套穿搭的形式提升吸引力。

图1-7　大衣的强关联性商品

图1-8　大衣的较弱关联性商品

（2）营销活动

营销活动是指通过搭配销售、满减、满送、换购等营销方式引导消费者购买多个商品，从而提高客单价。例如，图 1-9 所示的店铺首页营销活动中，商家以入会礼券、参与抽奖、满减优惠、充值优惠、赠品活动等多种营销形式来提高客单价，并对消费者进行清晰、直接的视觉引导，消费者点击相应板块即可进入对应的活动页面领取优惠。

图1-9　营销活动视觉引导

📖 **经验之谈**

要想有效提高客单价，在策划相应营销活动时，商家就应结合视觉营销的相应知识，对营销活动信息的位置、内容等进行合理的安排，站在消费者的角度对其进行视觉引导，简化消费者的购物流程，让营销活动发挥更大的作用。

1.1.3　电商视觉营销的价值

电商视觉营销的价值主要体现在直接价值和间接价值两个方面。

1.　直接价值

电商视觉营销的直接价值主要体现在商品销售上，即对店铺流量、商品转化率、商品客单价等数据都有非常直接的影响，并且在短期内就可以看到营销成效。

- **影响店铺流量**。好的视觉设计可以有效引起消费者的关注，使消费者对商品和品牌产生浓厚兴趣，并产生浏览商品和店铺的行为，从而提高店铺的流量。以淘宝为例，淘宝首页的引力魔方广告图、搜索页的商品主图是展示视觉设计的关键位置，当消费者被这些图片吸引后，就可能会点击图片查看商品或进入店铺，这时即可为店铺带来流量。

- **影响商品转化率**。商品和品牌如果在视觉表现上既呈现得当，又能很好地体现实用价值，就可以提高消费者的消费兴趣，从而促使其产生购买行为，提高商品转化率。

- **影响商品客单价**。商家应通过视觉设计对消费者进行引导，促使其加购商品，或者直接通过商品或品牌良好的视觉表现培养消费者对品牌的认同度和好感度，增加其对品牌的信任，这些做法都可以有效提高商品客单价。例如，图1-10所示的护肤品品牌通过展示护肤步骤的相关信息，可以有效引导消费者对其他相关商品产生购买行为。其他的搭配推荐、套餐推荐、关联推荐等形式也能有相同的效果。

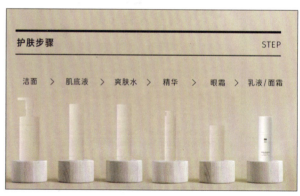

图1-10　护肤品品牌展示的护肤步骤

2.　间接价值

电商视觉营销的间接价值主要表现为强化品牌识别度和扩大品牌传播度，从而为品牌带来更多潜在消费者。

- **强化品牌识别度**。在视觉营销中加入品牌元素，可以加深品牌在消费者脑海中的印象。当消费者看到与品牌相关的视觉元素时，就可以很容易联想到该品牌。图1-11所示的案例不论是在店铺首页视觉设计上，还是在商品包装设计、色彩运用方面，都带有十分鲜明的品牌印记，其充分运用了各自的品牌形象（旺仔、雪王）来强化品牌辨识度。

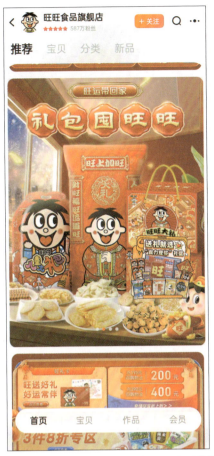 

图1-11　强化品牌辨识度的品牌形象应用

- **扩大品牌传播度**。如果品牌的视觉营销足够出彩，则可以在消费者心中树立良好的形象，让消费者自发地传播品牌信息，从而迅速扩大品牌的传播度，甚至增加品牌在行业与消费者心目中的影响力。例如，图1-12所示的文创巧克力和雪糕的海报和主图都把握住了消费者的心理，准确抓住了消费者喜欢讨论的话题，并将文创主题和文化内涵在品牌视觉营销中进行体现，从而给消费者留下了十分深刻的印象，能够引起消费者热烈的讨论和传播。

图1-12　扩大品牌传播度的文创巧克力和雪糕

1.1.4　电商视觉营销的基本要求

电商视觉营销主要以文字、图片和色彩等形式对品牌和商品进行多渠道、多场合的展示和体现，以便为商家带来直接或间接的价值。随着越来越多的传统行业品牌参与到电商市场的竞争中，消费者对视觉营销有了更高的要求，只有具备一定质量的视觉营销才能够赢得消费者的青睐。一般来说，电商视觉营销需遵循以下几个基本要求。

- **内容优质**。视觉营销离不开优秀内容的支撑，很多优秀的视觉营销内容不仅传播了品牌和商品信息，还照顾了消费者的情感需求，从而能够使营销价值最大化。优秀的视觉营销内容通常包含多个方面，如能够让消费者快速搜索到商品，能够引导消费者快速、准确地了解商品，能够让消费者对商品和品牌产生认同感，能够带给消费者愉快的视觉享受，能够促使消费者主动分享商品和品牌等。

- **体现价值**。电商视觉营销要能够直接体现商品的价值，以赢得消费者的信任。例如，销售实体类商品，必须通过视觉直接传达商品的卖点和优势，让消费者直观感受到其吸引力；销售服务类商品，也要通过视觉让消费者能够简单地评估服务质量。

- **简洁明了**。电商视觉营销本质上仍是传达营销信息，不管是展示商品卖点、参数，还是推广品牌、活动，都应该遵循简洁明了的原则，方便消费者理解和记忆。对于某些数据类的信息，商家可以通过图表形式直观展示。

- **保证时效性**。在信息时代，信息数量庞大、类型繁杂，如果想让消费者在第一时间关注到商品和品牌，甚至长久地关注商品和品牌，商家就必须抢占最佳时机，提高信息发布、传播的速度和频率。简单来说，从商品设计到最终售出的整个过程，涉及视觉营销的部分都必须保证时效性，不断更新，这样才能让消费者的注意力长时间停留在商品和品牌上。

- **高效传达**。视觉营销信息的传达是电商视觉营销中的重要环节。只有将信息快速、准确地传达到消费者眼前，视觉营销才能发挥出自身的作用。因此，运营人员和视觉设计师必须保证视觉营销信息简明扼要，找准消费者的核心需求，并从消费者的角度出发进行视觉营销，从而引导消费者关注品牌和商品。

- **注重细节**。在电商视觉营销中，恰到好处的细节设计可以为消费者带来十分良好的消费体验，如提醒消费者商品的规格尺码、说明商品使用技巧等。

- **重点明确**。重点即视觉营销表现的重点。电商视觉营销必须有一个明确的重点，如商品卖点、品牌风格等，让消费者可以通过这个重点对商品和品牌形成独特的印象。

1.2　了解电商视觉营销的内容构成

电商视觉营销贯穿从商品企划到商品售后的整个过程。在这个过程中，Logo、Slogan、色彩、文字、商品、包装、摄影风格等元素构成了电商视觉营销的内容，也直接影响着电商视觉营销的成败。

1.2.1　Logo

Logo 是品牌的标识，也是传递品牌信息的重要媒介，它可以让消费者快速记住品牌的主题和文化。Logo 的应用范围十分广泛，出现频率较高，在商品包装、店铺装修、视觉推广等各个环节都可以看到 Logo 的踪影。图 1-13 所示的"八马茶业"PC 端的店铺首页中，店招和全屏海报都使用了 Logo，其目的在于通过反复强调品牌 Logo 来强化消费者对该品牌的记忆。

图1-13　"八马茶业"PC端店铺首页

1.2.2　Slogan

Slogan 即口号、广告语，通常用于形容品牌和商品较为突出的特点。Slogan 也是品牌非常具有特色的标志之一，简单易记、具有特色的 Slogan 可以给消费者留下非常深刻的印象，同时有利于品牌的宣传和传播。Slogan 的应用也十分广泛，图 1-14 所示的"我们不生产水　我们只是　大自然的搬运工"为树立品牌形象的品牌 Slogan，图 1-15 所示的"焦香辉映　口口香脆"为商品宣传海报中的商品 Slogan。

图1-14　品牌Slogan

图1-15　商品Slogan

1.2.3　色彩

色彩是品牌的重要视觉标志，也是视觉设计中的重要元素。消费者在电商平台中选购商品时，常会被其色彩吸引。在商品或品牌的视觉设计中，如果色彩运用得当，就很容易吸引到新的消费者。独特的色彩运用方式会增强老顾客对品牌或商品的识别和记忆，继而提升对品牌的复购率。图 1-16 所示为"简爱"酸奶的色彩设计，其商品包装设计和海报设计都以天蓝色为主色调，具有明显的品牌特色，很容易给消费者留下印象。

图1-16　"简爱"酸奶的色彩设计

1.2.4　文字

文字是传达信息的主要媒介之一，电商视觉营销中的很多信息也需要依靠文字进行传达。为文字选用合适的字体，并进行恰当的设计和搭配，可以提高文字的表现力，快速引起消费者的注意，引导其购买商品；还可以提高图片、视频或页面的整体美观性，提升视觉营销效果。图 1-17 所示的家电海报中，商家通过对文字的字体、颜色、位置、大小等属性进行设计和搭配，提高了海报的整体表现力，同时传达了重要的商品信息，让消费者可以快速了解商品的卖点。

图1-17　家电海报

1.2.5　商品

商品是营销的核心，对商品进行设计美化是电商视觉营销的重要内容。商品视觉效果的质量直接影响着消费者最终的购买决策，因此商家需对商品的视觉效果进行控制。此外，商家还可以在商品展示上进行统一规范，增强消费者对商品的记忆度和识别度。图1-18所示为同系列香水主图，背景采用了与香水包装相对应的植物、色彩作为装饰，这样既说明了商品特性，又统一了展示风格。

图1-18　同系列香水主图

1.2.6　包装

包装是商品的一部分，具有特色的包装设计可以增强消费者对商品的记忆，甚至会促使消费者对商品产生好感和信任。很多品牌在更换包装时都会做出特别说明，以提醒消费者注意。同时，包装设计也是电商视觉营销中的一个重要环节，图1-19所示的农夫山泉旗下商品在包装设计上就非常有特色，其既保证了系列商品整体和谐统一，又通过部分插图、文字、色彩的变化，突出了不同商品的特色。

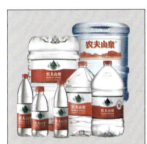

图1-19　农夫山泉旗下商品包装设计

1.2.7　摄影风格

商品的摄影风格可以突出表现品牌特性，强化消费者对品牌的理解和认知。在视觉设计中，摄影风格明显的商品和品牌，即使在图片中不添加任何与品牌相关的元素，也可以被消费者轻易识别。图 1-20 所示为化妆品品牌逐本的摄影风格，商品的摆放与搭配、装饰道具的选择、摄影构图、色彩与光线、线条韵律等要素都十分统一，具有非常鲜明的品牌视觉特征。

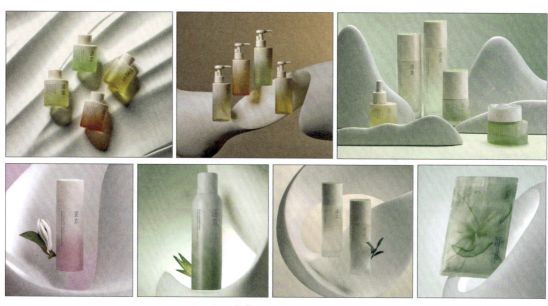

图1-20　化妆品品牌逐本的摄影风格

1.3　电商视觉营销的一般流程

电商视觉营销一般可按照分析与定位消费者、确定项目关键视觉点、提炼电商视觉创意、建立视觉层级、提高视觉创意表现力的流程来实现。

1.3.1　分析与定位消费者

分析与定位消费者首先要通过分析项目来定位视觉的主要传达对象，也就是消费者。这里的项目可以是营销活动项目，也可以是店铺日常装修，或者是商品页面装修等。不同的项目，通常需要使用不同的目标消费人群定位方法。例如，在营销活动项目中，对店铺而言，营销活动主要起到大量引流、提高转化率和销量的作用。营销活动面对的目标消费人群往往易受商品性价比吸引，更追求活动优惠，因此商家在挖掘消费者诉求时，通常会将重点放在促销活动上，以促销活动为主要引流手段的同时，兼顾视觉对消费者的影响，用视觉拉近与消费者的距离，提高消费者对商品和品牌的好感度。

如果是商品页面装修项目，其针对的主要传达对象为对特定商品有购买意愿和具体需求的消费者，他们来到商品页面是为了进一步了解商品详情并做出购买决策，因此商品页面应主要起到全方位展示商品并促成消费者购买的作用。如果是分析店铺日常装修，则其视觉的主要传达对象多为与店铺目标消费者的人群画像高度重合的消费者，因此店铺日常装修需要充分考虑人群画像的特征，以吸引目标消费者的注意力并留下深刻印象。

知识补充

一般来说，目标消费者的人群画像需要包含以下内容：目标消费者的所在地区、性别、收入情况和社会地位、购物时间，对商品功能、形状、颜色、外形等方面的偏好，以及购买决策的形成过程和主要受到哪些因素的影响等。

分析项目并定位消费者后，还要分析消费者的购物需求和心理需求，以便于根据不同需求进行视觉的重点呈现，以快速让消费者产生共鸣，形成转化。

马斯洛需求层次理论将人类需求分成生理需求、安全需求、情感需求、尊重需求和自我实现需求5类，由较低层次到较高层次依次排列。根据5个需求层次，可以划分出5个消费者市场，这5个消费者市场与需求层次的对应关系如图1-21所示。

图1-21　消费者市场与需求层次的对应关系

1.3.2　确定项目关键视觉点

项目关键视觉点是指消费者比较关注的内容，或者比较容易吸引消费者关注的内容，将其与视觉表现手法关联起来，可以快速与目标消费者建立沟通。关键视觉点的类型很多，绚丽的色彩、美观的画面、直白的文案等都可以作为关键视觉点。确定关键视觉点依然建立在分析和定位消费者的基础上，其主要目的是直接、快速地吸引消费者的注意力。一般来说，可以从视觉风格、价值认同、IP联合等方面来确定项目关键视觉点，从而快速吸引消费者的注意力。

1. 视觉风格

视觉风格主要是从视觉表现上吸引消费者。以视觉风格建立关键视觉点时，可以从行业上对项目和消费者进行分析和定位。例如，与儿童相关的商品，其视觉风格一般都比较可爱、清新。与"文化""韵味"相关的商品，如茶叶、瓷器等，目标消费人群偏好禅意、古朴、古典、中式、婉约的视觉风格，可在整体视觉设计中添加与之相符合的元素，如水墨、云雾、松枝、印章、仙鹤、云纹等。图 1-22 所示的茶壶焦点图采用了古典风格，使用了松枝、仙鹤、书法、印章等元素。

2. 价值认同

价值认同是指品牌的价值观、品牌的文化内涵等，或品牌和商品传达出来的能够获得消费者认可的价值。品牌和商品若要获得消费者的认同，视觉设计所传递出来的核心价值信息就必须与消费者的认知一致。品牌在用价值认同的方式建立关键视觉点时，一般可以结合自身的特点。

3. IP 联合

IP 联合是指商家与具有一定热度和知名度的 IP 联合，通过 IP 的相关元素建立关键视觉点，快速吸引消费者的注意力。IP 联合的范围十分宽广，如动漫、明星、电影、小说等。IP 联合可以快速吸引 IP 受众，寻求他们的感情认同，促成最终的购买行为。图 1-23 所示为运动鞋与山海经的 IP 联合设计图。

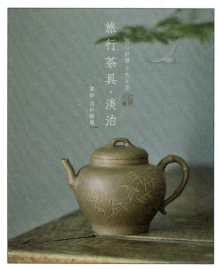

图1-22　茶壶焦点图

图1-23　运动鞋与山海经的IP联合设计图

1.3.3　提炼电商视觉创意

要想提高展示和传播的效果，除了突出项目关键视觉点，展现视觉创意也是一条十分有效的途径。视觉创意通常建立在对消费者或商品的深刻理解与洞察之上，体现品牌精神、满足消费者需求的视觉创意可以引发消费者的共鸣。因此，提炼电商视觉创意可从消费者和商品两个方面入手。

1. 基于消费者提炼创意

基于消费者提炼创意，需要准确抓住消费者的需求。这里的消费者需求并不仅仅指消费者对商品的需求，还可以包括消费者的兴趣爱好、日常生活需要等。将与消费者息息相关的、可以令消费者产生共鸣的点以富有创意的方式融入视觉设计中，可以快速打动消费者，让消费者对品牌产生好感，甚至对品牌进行自发的传播。

例如，卫龙食品主营"辣条"商品，其目标消费者多为对互联网十分熟悉的年轻人，为了迎合目标消费者的喜好，卫龙经常将互联网上流行的话题、热点等可以吸引消费者注意力的元素创新性地运用到自身的视觉设计中。图1-24所示的视觉创意设计，即融入了"美工不干了"等十分容易引起消费者讨论的话题，创新性地将店铺首页设计成一个Excel操作界面，让消费者好像在浏览一个电子工作表一样去选择商品，这样可以给消费者留下深刻的视觉印象。

图1-24 卫龙食品的视觉创意

2. 基于商品提炼创意

基于商品提炼创意是指依据商品本身来挖掘创意，可通过卖点挖掘创意、通过与其他元素的联合挖掘创意，或者通过与热点结合挖掘创意等。

（1）通过卖点挖掘创意

通过商品本身的卖点来挖掘创意是比较常见的做法，其在电商视觉创意的实际应用中，通常体现为对商品功能的形象化表现，即运用一些元素对商品效果进行烘托、对比。图1-25所示的口香糖视觉设计，通过"冰"的运用烘托商品冰爽的口感。

职业素养

电商商品的视觉设计首先要保证真实性，虽然可通过一些设计手法对商品进行修饰，但不可夸张，否则商品与实物存在过大差距，容易误导消费者，从而产生售后纠纷，甚至影响品牌的口碑。

（2）通过与其他元素的联合挖掘创意

通过与其他元素的联合挖掘创意，是指将一些与商品相关联，或存在一定对比的元素应用在商品的视觉设计上，为商品的视觉设计增加亮点。在使用该方法提炼创意前，需要仔细观察并理解商品，在对商品充分理解的前提下寻找共性，拓展视觉创意。一般来说，动植物形象、文化内容、建筑等类型的元素都可以与商品相联系。图 1-26 所示为故宫博物院的文创商品，其进行视觉设计时将书签与故宫太和殿脊兽元素进行了联合。

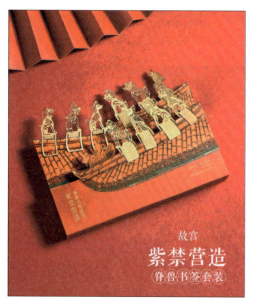

图1-25　口香糖视觉设计　　　　　　　　　图1-26　故宫博物院的文创商品

（3）通过与热点结合挖掘创意

通过与热点结合挖掘创意是指寻找当前网络和现实中可以吸引目标消费者关注，并且热度比较高的话题，然后将该话题与自己的品牌、商品结合起来，并进行创意视觉设计。通过该方式挖掘创意需要找到热点和商品的结合点，选择合理的角度，对热点和商品进行巧妙的融合，以体现品牌的统一性和调性，同时利用热点赋予商品情感，并对商品进行表达，从而快速吸引消费者的注意力，拉近商品与消费者的距离。

这种借势热点的视觉创意具有很大的话题度和讨论度，很容易引起消费者的关注，能够大大提高商品和品牌的曝光度。但需要注意的是，在使用热点素材时，不能被热点事件影响了品牌自身的定位，同时选择热点事件时要有一定的职业操守。

1.3.4　建立视觉层级

为了让消费者优先看到视觉设计的主题，设计师在进行设计时，可以通过一些方法对消费者的视线进行引导，如通过空间、色彩、阅读习惯、大小关系、视觉指引、动静对比等方式来建立视觉层级，从而实现信息的有序传达。

1.　通过空间建立视觉层级

通过空间建立视觉层级是指在视觉上形成主体与背景的视觉差异，如利用空间近实远虚的原理，利用模糊的效果使背景显得遥远，降低其存在感，同时保持前景主体的清晰可见，与背景形成强烈的对比。在这样的视觉环境中，近景信息更易被消费者感知。例如，图 1-27 所示的海报通过模糊的背景和清晰的前景主体（手机图像和标题文字），营造了空间上的对比，使商品位于消费者视线接触的最前端，不受背景干扰，可以优先被消费者感知。

图1-27　利用近实远虚的原理体现视觉信息层级

2. 通过色彩建立视觉层级

通过色彩建立视觉层级是因为在视觉心理中，人眼对于不同的颜色会产生不同的感知，在同一距离观看不同波长的色彩时，红、橙、黄等波长较长的色光，能够在视网膜上形成内侧映像，而蓝、绿、青等波长较短的色光，则在视网膜上形成外侧映像，这样的特征在感官中会形成远近不同的印象。同时，将不同色彩运用于同一背景中时，越鲜亮的色彩，在视觉上显得越近；越暗沉的色彩，在视觉上显得越远。

通过色彩的不同组合可以体现丰富的层级关系，图 1-28 所示的商品海报通过色彩的对比，对视觉信息的主次进行了明显的区分，凸显了海报中的主体部分，使消费者的视线首先聚焦于"9 折""厨卫大电一站购齐"等红色区域，第一眼就能看到核心促销信息。

图1-28　通过色彩建立视觉层级

3. 通过阅读习惯建立视觉层级

大多数人的阅读习惯都是从左到右、从上向下。在此规律的影响下，在一个空间、色彩等均没有形成或者难以形成特别对比的画面中，设计师应遵循阅读习惯规律，将重要的信息放在画面左上、中上部分，不但可以使消费者更容易看到重点信息，而且能极大地提高消费者获取信息的效率，更容易留住消费者。这种方式在店铺首页、详情页的电商视觉营销中十分常见，图 1-29 所示的"企业愿景"板块，消费者依据阅读习惯会先识别标题，再依次往下浏览具体的企业历史，然后从左至右了解三组数字和两组图文。

图1-29　依据阅读习惯设计的"企业愿景"板块

4. 通过大小关系建立视觉层级

　　通过大小关系建立视觉层级是指根据近大远小原则，控制画面中各元素的大小比例，采用大而近的设计方式吸引消费者的注意力。当然，商品并非越大越好，过大容易使画面各元素的对比失衡，破坏画面的整体美感，难以给消费者带来舒适的视觉体验。图1-30所示的海报中由窗帘、窗户与窗台构成的背景远而模糊，而植物的视觉距离消费者更近，比例也更大，因此植物成为消费者视觉捕捉的第一目标。同题在文字上，字体最大的"新家"二字成为消费者首先关注的信息。

图1-30　依据大小关系设计的海报

5. 通过视觉指引建立视觉层级

　　通过视觉指引建立视觉层级是指通过画面中有效的视觉指引，将消费者的视线引导至核心信息处。视觉指引的方式有很多，常见的有导向指引和顺序字符指引。

- **导向指引**。导向指引是指利用有导向性的元素，如形状、箭头、模特的眼神与手势等，指引消费者的视线，引导消费者根据指引浏览信息，从而区别视觉信息的主次。图1-31所示为通过房檐形状的指引，将消费者的注意力由文字引导至商品上。
- **顺序字符指引**。具有顺序的字符，如阿拉伯数字、字母、时间等，也能有效地引导消费者按照设计师事先设定的顺序实现视线移动，如图1-32所示。

图1-31　导向指引

图1-32　顺序字符指引

6. 通过动静对比建立视觉层级

通过动静对比建立视觉层级是指通过动态与静态的对比来突出重点信息。例如，静态页面中的动态元素因为与页面有着强烈的视觉对比，往往会成为消费者视线首先捕捉的目标。在天猫大促活动期间，导航上方出现的动态弹窗在大面积的静态元素中，就很容易成为视觉的焦点，如图 1-33 所示。

图1-33　通过动态弹窗指引消费者视线

📖 经验之谈

在实际的视觉设计应用中，通常会结合多种方法建立视觉信息层级。例如，为了突出画面主题，设定中间区域为焦点，然后对其他区域逐渐虚化。同时采用近大远小的物理空间关系，进一步体现视觉信息的层级，引导消费者遵循一定的阅读顺序。最后再使用颜色的对比、文案的大小对比等，加强各元素间的对比关系，从而达到区分视觉信息主次的目的。

1.3.5　提高视觉创意表现力

　　有趣的创意可以快速吸引消费者的注意力，促使其浏览商品，记住品牌，甚至可以达到广泛传播品牌的效果。在电商视觉营销中，创意并没有固定的模板，任何思维、任何角度都可以做出令消费者记忆深刻的创意。在设想创意时，可通过以下方法来提高视觉创意的表现力。

1. 视觉拟人设计

　　视觉拟人设计是指赋予商品或品牌人的形态、语言或情感等，并在视觉设计中表现出来。视觉拟人设计在电商领域中的应用颇为广泛。用各种具有感染力的人物特征来展示商品卖点，可以更加贴近消费者，使消费者在看到商品时迅速产生情感共鸣。

　　需要注意的是，视觉拟人化通常需要设计师非常熟悉商品，能够将商品与比拟对象紧密贴合，勾画出贴近消费者心思的场景，让消费者产生代入感。图1-34所示的商品在视觉表现中就融入了拟人化的设计，左图通过简单生动的表情设计，使薯片拟人化；右图通过设计"橙子"的卡通形象，将橙汁拟人化这两种设计都增添了画面的趣味性。

图1-34　视觉拟人设计

2. 视觉动漫设计

　　视觉动漫设计是指为商品赋予独特的动漫形象，或将商品与动漫结合起来，或将场景缔造为动漫化的场景，通过动漫式的设计实现诸多现实无法呈现的效果。视觉动漫设计在儿童商品中比较常见，随着动漫游戏的增多，很多成年消费者也逐渐成为动漫设计的接受者。视觉动漫设计的应用虽然可以将消费者迅速带入特定情境，但需要注意动漫人物形象及场景的选择，避免不适宜的展现方式，尽量选择合适且有时代感的正面动漫人物。

　　图1-35所示的店铺首页海报通过动漫人物和动画场景的设计，构建出欢乐、喜悦、热闹的氛围，既具有视觉识别度，又新颖、有趣，很容易引起消费者的共鸣，能够将消费者带入热闹的购物场景中，引起消费者的购买欲。

图1-35 视觉动漫设计

3. 视觉情感设计

视觉情感设计是指在视觉设计中融入情感元素，用情感直击消费者的内心，迅速引起消费者的情感共鸣。这种方法的运用对于设计师的洞察能力有一定的要求，需要设计师深入剖析消费者的心理。设计师一旦把握住了消费者的深层次心理需求，情感化的创意便能水到渠成。

图1-36所示分别为关于父爱和童年情怀的视觉情感设计，左图整体以暖色调为主，打造了温馨、亲切、和谐的家庭餐桌画面，还通过"感恩父爱"和"爸爸的拿手菜 今天我来做！"等文字触发消费者共鸣和联想，有助于传达感恩父爱之情；右图图片中的"老式酥糖"文字和杂货铺样式的海报布局设计直接点明了商品的怀旧特质，而"心心念念儿时味道""一起回到过去找回纯真""打开时光机开启儿时记忆"等文字，以及复古的配色，则进一步唤起了消费者对于儿时的美好记忆。

图1-36 视觉情感设计

💡 **职业素养**

电商视觉创意的呈现需要设计师具备敏锐的洞察力、对细节的观察力，以及能够对不同事物进行合理联系和发散的能力。电商视觉创意的实施本身具有很强的跳跃性、时效性和特殊性，并没有通用的方法，具体的创意设计还需根据实际情况来选择和融合信息。

课堂实训——分析店铺首页的视觉营销特点

实训目标

本实训要求分析蒙牛官方旗舰店首页（见图1-37）的视觉营销特点，主要从Logo、Slogan、色彩、文字、商品、视觉创意等方面分析。

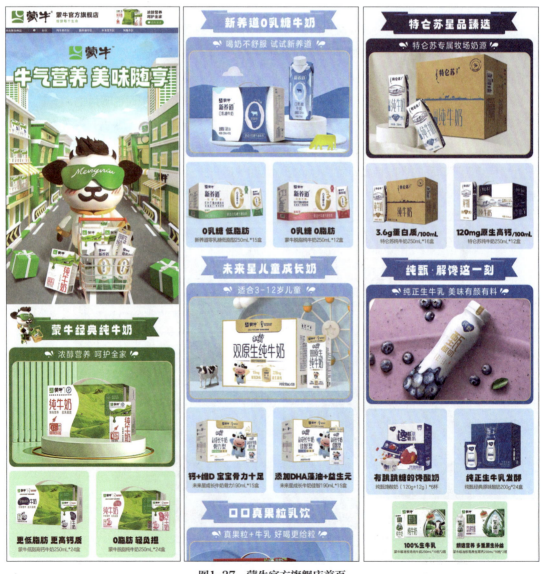

图1-37 蒙牛官方旗舰店首页

实训思路

步骤 01 Logo。该品牌的 Logo 以大草原、牛角为主要构成元素，基本色为绿色，象征了该品牌对天然、健康、品质的追求。蒙牛官方旗舰店首页在店招、全屏海报和商品包装上多次出现 Logo，很好地强调和传播了品牌。

步骤 02 Slogan。蒙牛官方旗舰店首页中的 Slogan 多为商品宣传语，内容简洁精练，视觉效果突出，可以清晰地传达商品卖点。

步骤 03 色彩。蒙牛官方旗舰店首页的用色主要为绿色和白色，符合品牌特点。另外，蒙牛也根据每个产品系列的主色调进行板块划分和板块主色的确定，如经典纯牛奶板块的绿色、未来星儿童成长牛奶板块的淡蓝色、特仑苏牛奶板块的深蓝色等。这种做法不仅使得整个页面看起来色彩更加丰富，还能够增强消费者对每个产品系列的记忆程度。同时，通过不同主色调的对比和搭配，还能够增强页面的层次感和视觉效果，提升消费者的浏览体验。

步骤 04 文字。蒙牛官方旗舰店首页的标题文字主要选择了活泼的艺术体，字体笔画较粗，视觉效果鲜明，比较符合品牌定位和消费者的审美需求。其他文字主要采用黑体类字体，便于消费者快速识别文字内容。

步骤 05 商品。蒙牛官方旗舰店首页的商品展示风格比较统一，加入了卡通元素，视觉上十分协调，且充满趣味。

步骤 06 视觉创意。蒙牛官方旗舰店首页多次运用了该品牌的 IP 形象——牛蒙蒙，采用拟人化的方式赋予小牛人的动作和神态，新颖有趣，为消费者带来了亲切感，同时也提高了品牌的识别度。

课后练习

练习1 分析"波司登"服装品牌的视觉营销元素

以"波司登"的店铺首页视觉设计为例，分析其设计由哪些视觉营销元素构成，体现了哪些品牌特点，分别具有怎样的效果。

练习2 以"中秋节"为主题构思一个视觉营销活动页面

假设要以"中秋节"为活动背景，为一个珠宝品牌设计活动期间的店铺首页装修。请你结合运营思维和设计思维，简单分析需要进行哪些准备工作，并依次对内容构成，如 Logo、Slogan、色彩、文字、商品、包装、摄影风格等进行简单阐述。

第 **2** 章

品牌视觉营销

本章导读

在视觉营销时代，视觉影响着品牌的方方面面，视觉的重要性不言而喻。对于电商而言，色彩、字体、标签、版式布局等都是定位和设计品牌视觉效果时的重要元素。成功打造出一个具有高辨识度的品牌视觉识别系统，可以有效提高品牌影响力，并带动旗下商品的销售。

知识目标

1. 了解品牌视觉营销
2. 熟悉品牌视觉的VI标准体系

能力目标

1. 能够设计品牌标志、标准字体、标准色彩和辅助图形
2. 能够完成多种品牌VI应用系统的视觉营销设计

素养目标

1. 不断创新和改进品牌视觉，与时俱进
2. 通过品牌视觉的VI设计传递积极、向上的价值观，体现品牌的社会责任感

案例展示

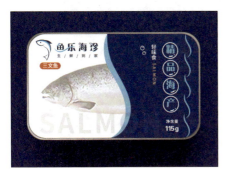

品牌包装设计

品牌标志设计

VI应用系统设计

2.1 认识品牌视觉营销

自电商进入视觉营销时代以来，品牌视觉受到越来越多企业的重视。独特典型的品牌视觉设计不仅可以提高品牌的知名度，传递品牌的价值理念，还可以使品牌在众多同类竞争者中占有一席之地，获得更多的流量和实现更多的转化。

2.1.1 品牌视觉营销

要了解品牌视觉，首先应该分析品牌。电商发展至今，线上商品的同质化现象不断加剧，同类商品之间的竞争愈加激烈，在多数情况下消费者与其说是选择商品，不如说是选择品牌。

然而品牌要想拥有影响力，知名度必不可少。如今的电商时代正是"眼球经济"时代，消费者无法通过直接触摸去体验和感受线上商品，视觉就是他们了解品牌和商品的主要途径。对于品牌而言，要想将品牌Logo、品牌文化、品牌价值持续地传达给消费者，并提高品牌的辨识度和知名度，就必须对品牌视觉进行规划和设计。可以说，品牌视觉是打造品牌形象最有力的工具。

品牌视觉营销是指通过各种视觉设计方法对品牌进行包装、宣传，从而加深消费者对品牌的印象。在电商领域，品牌视觉设计通常是为品牌营销服务的，它贯穿着营销的各个环节，最终目的是营销商品。

成功的品牌视觉营销可以让消费者快速联想到相关品牌和商品，或在选择同类产品时想到该品牌，为品牌创造直接或间接的营销价值。例如，"王老吉"品牌将传统风俗中的"吉祥"与品牌有机联系起来，提出了"过吉祥年，喝红罐王老吉""家有喜事，喝王老吉"等品牌主张，以此形成品牌形象，带动品牌旗下商品的销售，如图2-1所示。

又如"憨豆熊"坚果品牌，该品牌设计了憨厚、萌趣的"憨豆熊"作为品牌的吉祥物，并通过宣传推广来加深消费者对"憨豆熊"的印象，此后，该品牌在设计其店铺首页、详情页、商品包装时充分融入该形象，让消费者看到该形象就会联想到"憨豆熊"品牌，图2-2所示为憨豆熊的首页。

图2-1　王老吉品牌形象

图2-2　憨豆熊的首页

品牌视觉营销包括多个方面的内容，如品牌标识、品牌文化、商品外观、店铺装修、宣传推广等。

- **品牌标识**。品牌标识即品牌的视觉符号，独具风格和特色的视觉符号可以让消费者快速识别品牌形象。品牌视觉符号以品牌Logo为主，但并不完全等同于品牌Logo。具有辨识度的商品外观设计、商品名称等都可作为品牌视觉符号，如蕉内是一个倡导无感穿着体验的内衣品牌，其品牌符号来自品牌名称中的"内"字，并将"内"字抽象化设计成了猿猴的造型，如图2-3所示。蕉内的品牌视觉符号以"内"为基础，又与"蕉"相呼应，形成了蕉内品牌独有的品牌形象。该符号在蕉内店铺、商品、物流等多个地方频繁出现，最终形成了鲜明的品牌印记，进一步强化了品牌价值观和品牌传播的核心要素，有利于消费者记忆和识别品牌。

 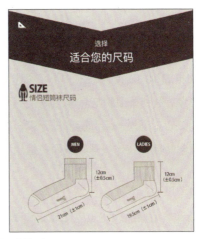

图2-3 蕉内的品牌视觉符号

- **品牌文化**。品牌文化主要是指品牌所蕴含的意义、情感、个性品位等。品牌文化是打造品牌视觉格调的一种手段，而那些受品牌文化吸引的消费者通常具有很高的忠诚度，如多芬，以"重新定义美"为品牌文化和理念，吸引了全球众多的女性消费者。

- **商品外观**。很多知名品牌的商品外观通常也具有独特性，如花西子的口红，它聚焦国风，创新地以浮雕图案和传统铜锁造型作为差异化的视觉表达形式，很好地体现了东方美。图2-4所示为花西子的口红外观展示效果。

图2-4 花西子的口红外观展示效果

- **店铺装修**。品牌的网店店铺装修是品牌视觉的主要内容之一，其装修风格多与品牌定位相匹配。
- **宣传推广**。很多品牌的宣传推广具有明显的品牌风格，在宣传推广时加入品牌视觉符号，可以有效提高品牌的传播力度。

职业素养

在漫长的历史岁月里，我国流传着大量神话传说，以及音乐、舞蹈和绘画等，并建造了很多雄伟壮观、美轮美奂、富有民族特色的建筑。这些优秀的文化艺术遗产是我国优秀传统文化的重要组成部分。在进行品牌视觉营销设计时，可将商品或品牌与这些具有代表性的文化特色联系起来，并在文案和效果图中体现。

2.1.2　品牌视觉的VI标准体系

品牌视觉的 VI（Visual Identity，视觉识别系统）标准体系是一套系统化的方法，用于塑造和传达品牌形象，有利于品牌与其他品牌区别开，提高消费者的好感度和忠诚度。它以标志、标准字体、标准色彩为核心，通过一系列的视觉元素，如符号、字体、色彩等，将品牌理念、商品特质、服务内容等抽象概念转换为具体符号，从而打造出独特的品牌形象。

1. 品牌标志

品牌标志是传播品牌的重要元素，也是消费者对品牌的重要记忆点之一，图2-5所示分别为华为、小米的品牌标志。标志能帮助消费者简化对品牌的认识，品牌方可以用低成本的方式扩大品牌的影响范围，因此电商品牌应该打造出自己的专属标志。

品牌标志的设计和打造可以从多方面入手，除了依靠商品外形设计、根据名称衍化设计，还可以选择一个特殊形象来设计品牌标志，如以卡通形象作为品牌视觉符号的周黑鸭、刺猬阿甘等，如图2-6所示。这类品牌标志具有鲜明的特点，其卡通形象活泼可爱，富有人性色彩，具有独特的识别性和亲和力，可以让消费者对品牌产生美好的联想和印象，形成特定的视觉记忆，最终降低消费者的购物选择时间。

图2-5　华为、小米的品牌标志　　　　　　　图2-6　卡通形象的品牌标志

另外，在建立品牌视觉识别系统时，应该对品牌标志的使用进行规范，如品牌标志的排列、组合、展示和应用，都应该有一个相对统一的标准。在品牌视觉营销设计中，应避免对品牌标志的形态、样式等因素进行频繁修改，这是因为让消费者重新接受和认识品牌标志会对品牌造成很大的影响，不利于培养稳定的品牌记忆。

知识补充

除了品牌标志，部分品牌还会在品牌视觉设计中使用统一的标签。标签是一种品牌视觉的辅助符号，可以让品牌视觉的整体更加标准化和系统化，与品牌标志一样，在使用标签时需对其进行规范，包括形状、大小、颜色、字体、间距等方面。品牌标志和标签的应用并非一成不变，可以根据使用场合和设计要求做相应调整，但最好保持其核心特点不变，或制定几套使用标准进行交替使用。

2. 品牌标准字体

在品牌视觉营销设计中，文字常用于品牌标志、店铺装修、商品图片美化、商品包装、物流等方面。品牌标准字体与品牌标志一样，具有较强的认知性，由于品牌标准字体本身就具有说明作用，又兼具标志的识别性，因此，标志与标准字体合二为一的形式越来越被广泛采用。品牌标准字体可以直接传达出品牌名称，强化品牌的形象，补充说明标志图形的内涵。在同一品牌的视觉营销中使用统一的字体，可以增强品牌的视觉表现力，强化品牌辨识度，从而达到传播品牌、提高品牌影响力的目的。

图2-7所示为胡姬花海报的字体设计。胡姬花花生油以古法压榨为卖点，其品牌名称和海报标题字体都选择了传统书法字体，比较符合品牌特色，字体设计也具有较强的韵味，体现了古老、传统、传承的品牌理念。

图2-7　胡姬花海报中的字体设计

品牌字体是依据品牌自身定位和商品特性等因素进行选择的。例如，当需要突出品牌的理性、严谨和经典等特点时，往往会选择字形挺拔、棱角分明的字体，以设计出方正整齐、气势凛然和节奏分明的效果；当需要突出品牌个性、激情、张扬和活跃等特点时，往往会选择造型独特、效果突出的字体，以便给人带来视觉上的震撼。除了选择常规的字体，部分具有显著个性或特色的商品和品牌还会选择一些艺术字体，如一些历史比较悠久的品牌，为了体现古朴、经典和传承等品牌特点，会选择苍劲有力的书法字体来凸显品牌的特色，带给消费者信赖感。

3. 品牌标准色彩

要打造品牌的视觉调性，规范品牌用色十分重要。为了获得具有辨识度和统一性的品牌整体色彩效果，品牌的色调使用通常需要遵循统一的标准。根据设计需求、品牌理念、经营策略、发展方向、消费者喜好、颜色禁忌等因素，确定一种或几种特定的色彩作为品牌专用色彩是至关重要的，品牌标准色彩应该能够代表本品牌商品特点，表达品牌理念、文化等，使广大消费群体从色彩的角度注意、认识、了解、信任该品牌，同时有利于本品牌与其他同类品牌区分开来。

图 2-8 所示为蓝月亮店铺首页，其品牌标准色彩为蓝色，不同深浅的蓝色让首页色彩和谐且丰富，能够带给消费者干净、清爽的视觉效果，还具有较强的科技感和专业感，符合该品牌多年研发清洁用品的定位。这种色彩体系鲜明且具有代表性，可以令消费者对品牌建立清晰的认知，从而达到提升品牌影响力和提高营销效果的目的。

图2-8　蓝月亮店铺首页的品牌标准色彩运用

在颜色种类选择上，一般以不超过 3 种为佳，否则会显得画面混乱、缺失重点。颜色种类少，会显得画面更加简洁，画面相对容易控制，视觉效果也更加平和舒适。为了保证品牌色彩的协调和美观，一个画面中各色的比例应该控制在 70：25：5 的范围内，70% 为主色，25% 为辅助色，5% 为点缀色。其中，主色指大面积使用的颜色，一般为品牌代表色，广泛应用于品牌名称、商标、店铺页面、商品形象、商品包装等多个方面；辅助色指起辅助作用，占画面颜色次要地位的颜色，通常可以有一种或多种，用以加强色调层次感，丰富色彩效果，活跃氛围，要注意切忌喧宾夺主。点缀色又叫强调色，主要起到强化视觉效果、引导阅读或点缀的作用，可以提高画面的活力和表现力，并达到强调重点的目的。该比例并非一成不变，具体应用可针对商品和品牌定位做出调整。

图 2-9 所示为好利来的商品海报，该海报的颜色选择以商品包装用色为依据，以黄色为主色调，以白色和橙色为辅助色，以黑色、深棕色、银灰色作为点缀色，以此丰富了画面的色彩，并有效强调了部分信息。

图2-9 好利来海报的色彩搭配

2.2 品牌视觉设计

本节以"鱼乐海珍"品牌为例介绍品牌视觉设计。"鱼乐海珍"品牌致力于为消费者提供以海鱼为主的优质生鲜产品和服务，品牌理念为高品质、健康、新鲜、原汁原味。现需要设计一个完整的品牌VI，以树立亲切且专业的生鲜品牌形象，提升消费者对品牌的信任感，并在竞争激烈的电商市场中脱颖而出。

2.2.1 设计品牌标志

"鱼乐海珍"品牌标志包括图形和文字两个部分，其中，标志图形可以以鱼类形象为基础，再进行简化设计；标志文字的内容为品牌名称，可采用圆润、流畅的字体，并结合与品牌业务相关的装饰元素，如鱼、海洋等进行创新设计，以便带给消费者亲切、活泼的感觉，使整体标志更符合海鲜食品品牌的调性，具体操作如下。

设计品牌标志

步骤01 新建大小为"1600像素×800像素"，分辨率为"300像素/英寸"，名为"品牌标志"的文件。

步骤02 选择"钢笔工具" ，在工具属性栏中设置工具模式为"形状"，填充颜色为"#244570"，描边颜色为"无颜色"，绘制图2-10所示的鱼身轮廓，按【Enter】键结束绘制状态。再使用"钢笔工具" 绘制图2-11所示的鱼尾轮廓，然后按【Enter】键结束绘制状态。

步骤03 使用"钢笔工具" 绘制图2-12所示的鱼鳍轮廓，然后在工具属性栏中单击"路径操作"按钮 ，在打开的下拉列表中选择"减去顶层形状"选项，然后在鱼鳍下边缘绘制图2-13所示的形状用以减去部分鱼鳍轮廓。

图2-10 绘制鱼身轮廓　　图2-11 绘制鱼尾轮廓　　图2-12 绘制鱼鳍轮廓

33

步骤 04　选择"椭圆工具" ，设置填充颜色为"#244570"，描边颜色为"无颜色"，在画面左上方绘制"26 像素 ×26 像素"的正圆，代表鱼眼，效果如图 2-14 所示。

步骤 05　选择"钢笔工具"，设置填充颜色为"#6ccef7"，单击"路径操作"按钮，在打开的下拉列表中选择"新建图层"选项，在鱼背处的轮廓下方绘制近似高光的弧线形状，增强标志图形的立体感，效果如图 2-15 所示。隐藏"背景"图层，选择【文件】/【导出】/【快速导出 PNG 文件】命令，打开"存储为"对话框，设置名称为"品牌标志图形"，选择保存路径后单击 保存(S) 按钮。

图2-13　修剪鱼鳍轮廓　　　图2-14　绘制鱼眼　　　图2-15　绘制高光的弧线形状

步骤 06　显示"背景"图层，选择"横排文字工具"，选择【窗口】/【字符】命令，打开"字符"面板，设置字体为"方正粗倩 _GBK"，文字颜色为"#244570"，字体大小为"45 点"，字距为"300"，在图形右侧输入"鱼乐海珍"文字。

步骤 07　在下方继续输入"生 / 鲜 / 到 / 家"文字，修改字体为"思源黑体 CN"，字体大小为"19 点"，字距为"1000"，调整字的位置，使其两边与品牌名称文字对齐，效果如图 2-16 所示。

步骤 08　设置前景色为"#6ccef7"，在"鱼乐海珍"文字图层上方新建图层，按【ALt+Ctrl+G】组合键向下创建剪贴蒙版。选择"画笔工具"，设置画笔样式为"硬边圆"，大小为"10 像素"，在"鱼""乐"文字的部分笔画上涂抹，效果如图 2-17 所示。

步骤 09　在"鱼乐海珍"文字图层下方新建图层，使用"画笔工具"在"乐""海""珍"文字中的部分笔画下方绘制阴影，效果如图 2-18 所示。

图2-16　输入文字　　　图2-17　改变笔画颜色　　　图2-18　绘制笔画阴影

步骤 10　选择"钢笔工具"，设置工具模式为"形状"，填充颜色为"#6ccef7"，描边颜色为"无颜色"，在"鱼""乐"文字的横笔画处绘制波浪形状。

步骤 11　置入之前导出的"品牌标志图形 .png"文件，调整其大小和位置，并将其放在"珍"字偏旁上，将小鱼图形作为装饰元素使用，效果如图 2-19 所示。

步骤 12　选择"鱼乐海珍"文字图层，在"图层"面板底部单击"添加图层蒙版"按钮，然后使用"橡皮擦工具"擦除波浪形状和品牌标志处的文字笔画，再擦除"海"字偏旁上的两点，效果如图 2-20 所示。

步骤 13　选择"椭圆工具"◎,设置填充颜色为"无颜色",描边颜色为"#244570",描边宽度为"2 像素",在被擦除的"海"字偏旁上绘制两个正圆。再设置前景色为"#244570",选择"画笔工具" ✎ ,设置大小为"2 像素",在每个正圆中绘制 1 个点和 1 条弧线,效果如图 2-21 所示。

图2-19　添加小鱼图形　　　图2-20　擦除笔画　　　图2-21　绘制水珠

步骤 14　隐藏"背景"图层,选择【文件】/【导出】/【快速导出 PNG 文件】命令,打开"存储为"对话框,设置保存路径和名称,单击 保存(S) 按钮(配套资源 :\ 效果文件 \ 第 2 章 \ 品牌标志 .png)。

步骤 15　将图形和文字内容分别创建为图层组,复制并调整图层组,将两者组合成多种样式,参考效果如图 2-22 所示,最后按【Ctrl+S】组合键保存文件(配套资源 :\ 效果文件 \ 第 2 章 \ 品牌标志 .psd)。

图2-22　多种样式组合效果

2.2.2　设计标准字体

"鱼乐海珍"的品牌标准字体主要分为品牌标志的字体及其他用途的字体,前者可直接采用品牌标志中的字体设计,后者可在前者的基础上进行设计,具体操作如下。

设计标准字体

步骤 01　新建大小为"1000 像素 ×700 像素",分辨率为"300 像素 / 英寸",名为"标准字体"的文件。

步骤 02　将"品牌标志 .psd"效果文件中的文字复制到新建的文件中,可考虑沿用品牌名称的原始字体"方正粗倩 _GBK"作为标题、关键词等内容的字体,其他说明文字主要采用"思源黑体 CN",从而使文字的识别性强,两种字体的效果如图 2-23 所示。最后按【Ctrl+S】组合键保存文件。

图2-23　该品牌的标准字体

2.2.3　设计标准色彩

"鱼乐海珍"品牌标准色彩可选用蓝色和白色的组合，其中蓝色代表海洋和清新，白色则代表纯洁和新鲜。主色可选用标志中的深蓝色；辅助色可选用标志中的天蓝色、白色，以及饱和度较高的深蓝色，丰富色彩层次；点缀色可选用蓝色的对比色橙色强调重要信息，再选用浅橘色、灰色点缀次要信息，具体操作如下。

设计标准色彩

步骤 01　新建文件，使用"矩形工具" ▢ 在左侧绘制 1 个最大的矩形，填充主色"#244570"；再在矩形右侧绘制 3 个等大的矩形，分别填充辅助色"#6ccef7""#ffffff""#144686"；接着在 3 个矩形右侧绘制 3 个等大的、较小的矩形，分别填充点缀色"#e77740""#f5c99b""#bebebe"。

步骤 02　选择"横排文字工具" T，在大矩形左上角输入"配色方案"文字，在其左侧置入"装饰图标 .png"素材（配套资源 :\ 素材文件 \ 第 2 章 \ 装饰图标 .png），然后在每个矩形左下角分别输入对应的颜色值，最终效果如图 2-24 所示，按【Ctrl+S】组合键保存文件（配套资源 :\ 效果文件 \ 第 2 章 \ 标准色彩 .psd）。

图2-24　该品牌的标准色彩

2.2.4 设计辅助图形

由于"鱼乐海珍"是一家以销售海鱼商品为主的生鲜品牌，因此可以选择海洋元素作为主要的辅助图形，如小鱼、水珠、波浪等与海洋相关的图形。这些辅助图形可以作为背景、边框、装饰等元素，与标志等视觉元素相结合，增强品牌的辨识度和统一感。具体操作如下。

设计辅助图形

> **知识补充**
>
> 在品牌VI设计应用系统中，辅助图形能够弥补标志造型的局限性，对于提高包装视觉效果，活跃品牌形象，增加消费者对品牌的认知度具有重要意义，并且能利用有效的空间来展现品牌文化内涵。设计辅助图形时，需要注意其与品牌标志的协调性和一致性，以确保整个VI系统的统一性和完整性。同时，辅助图形应该能够在不同的媒体和平台上适应不同的应用场景，并且能够有效传达品牌的核心价值和特点。

步骤 01 新建大小为"800 像素 ×800 像素"，分辨率为"300 像素 / 英寸"，名为"辅助图形"的文件，打开之前制作的"品牌标志 .psd"效果文件，将其中的标志图形复制到新文件中，并合并到 1 个图层中，再通过旋转、移动操作制作第 1 种辅助图形，如图 2-25 所示。

步骤 02 复制标志图形到空白位置，在鱼尾处使用"钢笔工具" ∅.绘制 2 个填充颜色为"#6ccef7"的波浪形状，然后为标志图形创建图层蒙版，使用"橡皮擦工具" ∅.擦除波浪形状下方多余的标志图形，第 2 种辅助图形效果如图 2-26 所示。

步骤 03 将"品牌标志 .psd"效果文件中"海"字上的水珠形状复制到辅助图形中，作为第 3 种辅助图形，效果如图 2-27 所示。

图2-25 第1种辅助图形

图2-26 第2种辅助图形

图2-27 第3种辅助图形

步骤 04 使用"钢笔工具" ∅.从画面左侧到右侧绘制 1 条较长的波浪形状，设置填充颜色为"#6ccef7"，第 4 种辅助图形效果如图 2-28 所示。

步骤 05 将"品牌标志 .psd"效果文件中的波浪形状复制到辅助图形中，复制 5 个波浪形状并将其整理到 1 个图层组中，并使其呈一排水平排列，制作出水花效果，然后使用"钢笔工具" ∅.在其下方绘制错位的海浪，设置填充颜色为"#6ccef7"，第 5 种辅助图形效果如图 2-29 所示，最后保存文件（配套资源:\效果文件 \ 第 2 章 \ 辅助图形 .psd）。

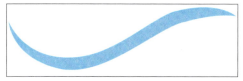
图2-28 第4种辅助图形

图2-29 第5种辅助图形

2.2.5　设计VI应用系统

为"鱼乐海珍"品牌设计 VI 应用系统，类型为网店中常用的商品包装、售后服务卡。

1.　设计商品包装

以精品海产系列的三文鱼罐头为例进行包装设计，需要将品牌名称、含量、生鲜种类等信息体现出来，且效果简洁大方。在色彩上商品包装可以以白色和蓝色为主色，这样不仅可以体现海产品的特色，还可以展示三文鱼图像，便于消费者快速识别商品原材料。为了便于消费者查看商品信息，商品包装可采用左右布局的方式，利用辅助图形、品牌标志、标准字体和标准色彩进行设计，具体操作如下。

设计商品包装

步骤 01　打开"商品包装样机 .psd"素材（配套资源:\素材文件\第 2 章\商品包装样机 .psd），在图层组中置入"三文鱼 .png"素材（配套资源:\素材文件\第 2 章\三文鱼 .png），设置三文鱼所在图层的不透明度为"38%"。

步骤 02　打开之前制作的"辅助图形 .psd"效果文件，将第 4 种辅助图形——波浪形状复制到新建的文件中，将其旋转 90°放置在画面中央作为分隔线，然后使用"钢笔工具"[图标]沿着波浪线在画面右侧绘制填充颜色为"#144686"的形状，效果如图 2-30 所示。

图2-30　绘制形状

步骤 03　打开之前制作的"品牌标志 .psd"效果文件，将其中的品牌标志复制到画面左上方，并分别将图形、文字所在的图层合并为一个图层。再将"辅助图形 .psd"效果文件中的水花形状、水珠形状复制到画面右侧。

步骤 04　选择水珠形状，选择【图层】/【图层样式】/【颜色叠加】命令，打开"图层样式"对话框，设置颜色为"#ffffff"，单击 确定 按钮。使用与之前制作水珠相同的方式，在画面右侧绘制 4 个较大的水珠，效果如图 2-31 所示。

步骤 05　选择"圆角矩形工具"[图标]，设置填充颜色为"#e77740"，描边颜色为"无颜色"，圆角半径为"37.7"，在品牌标志左下方绘制 1 个圆角矩形。

步骤 06　使用"横排文字工具"[图标]在画面底部输入三文鱼的英文"SALMON"，设置字体为"思源黑体 CN"，字体样式为"Bold"，字体大小为"73 点"，字距为"60"。选中前 4 个字母，设置文字颜色为"#bebebe"；选中后 2 个字母，设置文字颜色为"#2e7fbe"，然后设置"SALMON"文字图层的不透明度为"20%"，效果如图 2-32 所示。

图2-31　水珠效果

图2-32　输入并设置"SALMON"文字

步骤 07　分别使用"横排文字工具" T. 和"直排文字工具" IT. 输入其他文字，设置"115g"文字的字体为"方正大黑_GBK"，其他文字均按照之前设计的标准字体规范和配色方案进行设置，效果如图 2-33 所示。

图2-33　输入并设置其他文字

步骤 08　以"商品包装"为名另存文件，并导出 PNG 格式的图片（配套资源:\效果文件\第 2 章\商品包装.psd、商品包装.png）。

步骤 09　为了更好地查看包装设计的应用效果，可以将导出的商品包装图片放置到罐头样机中展示。打开"罐头.psd"素材（配套资源:\素材文件\第 2 章\罐头.psd），置入"商品包装.png"效果文件，调整大小和位置，使其贴合罐头，最终效果如图 2-34 所示，最后以"罐头效果"为名另存文件（配套资源:\效果文件\第 2 章\罐头效果.psd）。

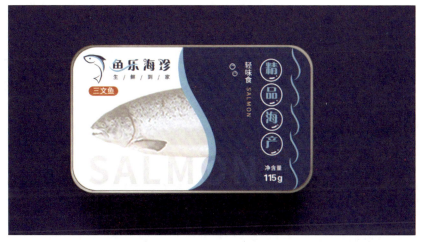

图2-34　商品包装应用效果

2. 设计售后服务卡

"鱼乐海珍"品牌的售后服务卡要求简洁明了，可利用辅助图形来设计背景，向消费者说明卡片用途、品牌名称、退换货流程等，这样设计甚至可以为品牌官方旗舰店引流，具体操作如下。

设计售后
服务卡

步骤 01　新建大小为"5 厘米 ×7 厘米"，分辨率为"300 像素 / 英寸"，名为"售后服务卡（正面）"的文件。将辅助图形和品牌字体添加到画面中进行布局，隐藏鱼眼和鱼鳍所在图层，背景效果如图 2-35 所示。

图2-35　制作正面背景

步骤 02　选择"圆角矩形工具" ▢，设置填充颜色为"#ffffff"，描边颜色为"#144686"，描边宽度为"1 像素"，圆角半径为"8"，在品牌字体下方绘制一个较长的圆角矩形。

步骤 03　使用"矩形工具" ▢ 在圆角矩形右侧绘制一个填充颜色为"#144686"的矩形，按【Alt+Ctrl+G】组合键为底部的圆角矩形创建剪贴蒙版，然后打开"搜索图标 .psd"素材（配套资源 :\ 素材文件 \ 第 2 章 \ 搜索图标 .psd），将其中的图标拖到矩形上。

步骤 04　使用"横排文字工具" T 在圆角矩形左侧输入"鱼乐海珍官方旗舰店"文字，在圆角矩形右侧输入"搜索"文字，设置文字颜色分别为"#e77740""#ffffff"，效果如图 2-36 所示。

步骤 05　选择"钢笔工具" ✐，在第 1 个波浪形状下方绘制与波浪形状相似的路径，然后选择"横排文字工具" T，将鼠标指针移至路径左端，当其变为 ✐ 形状时单击，然后输入品牌理念相关文字。使用相同的方法在第 2 个波浪形状下方创建路径文字并输入品牌理念。

步骤 06　使用"横排文字工具" T 在小鱼图形内侧输入"售后服务卡"标题，然后保存文件（配套资源 :\ 效果文件 \ 第 2 章 \ 售后服务卡（正面）.psd），最终效果如图 2-37 所示。

步骤 07　新建大小为"5 厘米 ×7 厘米"，分辨率为"300 像素 / 英寸"，名为"售后服务卡（背面）"的文件。将辅助图形和品牌字体添加到画面中进行布局，背景效果如图 2-38 所示。

图2-36　制作搜索框

图2-37　输入文字

图2-38　制作背面背景

步骤 08　选择"横排文字工具" T.，输入"退换货登记"标题，然后在标题右下方绘制一个波浪形状作为装饰，再将第 1 种辅助图形添加到标题左侧作为装饰，效果如图 2-39 所示。

步骤 09　使用"横排文字工具" T.在标题下方输入关于退换货登记的详细内容，对于重点信息用标准色彩中的橙色进行强调，其他文字可选用蓝色。

步骤 10　使用"圆角矩形工具" ◻.在"退货""换货"文字左侧绘制两个相同的蓝色圆角矩形框，便于消费者勾选。使用"直线工具" ╱.绘制 6 条较长的蓝色横线，便于引导消费者填写内容，效果如图 2-40 所示，最后保存文件（配套资源 \ 效果文件 \ 第 2 章 \ 售后服务卡（背面）.psd）。

图2-39　制作标题　　　　　　　　　　图2-40　最终效果

课堂实训——设计农产品品牌VI

实训目标

　　"果之怡"品牌起初专注于销售橙子，现已发展为一家经营各种中高端水果的零售品牌，并以"吃健康好果，享怡然之乐"为经营理念，定位于中青年消费群体。目前，"果之怡"品牌正大力发展电商业务，现需要设计品牌VI，参考效果如图2-41所示。

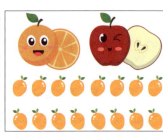

图2-41　农产品品牌VI参考效果

图2-41　农产品品牌VI参考效果（续）

【素材位置】配套资源:\ 素材文件\第 2 章\"农产品素材"文件夹

【效果位置】配套资源:\ 效果文件\第 2 章\"农产品品牌 VI"文件夹

实训思路

　　步骤 01　设计品牌标志。将文件背景填充为橙色，使用"椭圆工具"◯.绘制多个正圆，再使用"钢笔工具"✍.在圆形中间绘制橙子图形、绿叶，以及橙子的高光、阴影部分。绘制橙子图形后，为其添加图层蒙版，只保留正圆以内的橙子上半部分。

　　步骤 02　复制绿叶图像到正圆的左右两侧，然后为左右两侧的绿叶所在的图层添加白色的"描边"图层样式。

　　步骤 03　使用"横排文字工具"T.输入品牌的中文名称，并在工具属性栏中单击"创建文字变形"按钮✿.运用"扇形"选项变形文字。再使用"钢笔工具"✍.在正圆顶部绘制弧线路径，使用"横排文字工具"T.创建路径文字，输入品牌名称的拼音，完成标志设计。

　　步骤 04　设计标准字体。"果之怡"品牌正处于全方位升级和强化的阶段，因此便于识别的标准字体十分重要，标准字体可选用 3 种，分别运用到不同的 VI 设计作品中，以提升 VI 的辨识度和美观性。品牌名称、商品名称和关键信息可选用"方正粗活意简体""Philosopher"，笔画粗细有变化，具有俏皮感和活泼感，契合品牌形象；其他说明文字可采用"思源黑体 CN"，识别性高，简洁大方。

　　步骤 05　设计标准色彩。该品牌 VI 设计可采用接近橙子本身的色彩——橙黄色作为主色调，且橙黄色是由红色和黄色调和而来的，包含红色的温暖感和黄色的轻快感，能带给消费者醒目、积极、活力、亲和的感觉。另外，由于"果之怡"品牌销售的水果均为绿色食品，且大多数水果都带有绿叶，因此"果之怡"品牌 VI 设计的辅助色可定为两种相近的黄绿色，丰富色彩搭配的层次感。该品牌 VI 设计的点缀色可在辅助色的基础上微调，也可根据真实水果的色彩、VI 应用载体的色彩（如工作服布料的色彩）来少量选用。

步骤 06　设计辅助图形。可将水果产品作为设计点，展现丰富的销售品类，但若直接采用真实的水果图形可能稍显普通。为了形成品牌特色，体现"吃健康好果，享怡然之乐"的理念，可从"怡然之乐"理念入手，联想到快乐的表情，进而制作水果表情图形。这里以橙子、苹果为例，制作水果表情。水果表情均可结合"钢笔工具" ⬚、"椭圆工具" ⬚ 进行绘制。

步骤 07　除了关于水果品类的辅助图形，还可以运用标志中的橙子图形元素，通过复制、粘贴多个橙子图形，将其对齐呈一排等间距排列；再复制这排橙子图形，移动到下方并水平翻转，制作出既有韵律感又富有变化的底纹辅助图形。

步骤 08　设计名片。使用 Photoshop 打开"名片样机 .ai"素材，先复制标志中的绿叶、橙子元素，布局名片背景。再使用"钢笔工具" ⬚ 绘制代表位置、电话和邮箱的 3 种小图标，使用"横排文字工具" ⬚ 在小图标右侧输入具体信息。再在右上方输入店长名字，并使用"矩形工具" ⬚ 绘制装饰竖线，完成名片正面设计。

步骤 09　将名片背景填充为橙色，复制辅助图形，将其填满整个背面。将所有辅助图形创建为一个图层组，设置该组的图层混合模式为"绿色"，图层不透明度为"51%"。然后复制整个标志到背面中央，完成名片背面设计。

步骤 10　设计包装贴纸。使用 Photoshop 打开"包装贴纸样机 .ai"素材，先制作橙子包装贴纸，将背景填充为橙色，再使用"钢笔工具" ⬚ 绘制飞溅的果汁，模拟水果汁水四溢的状态，增强消费者的食欲。

步骤 11　将之前制作的橙子表情辅助图形复制到包装贴纸中，调整其大小和位置，然后输入商品名称和净含量文字，再将标志中的绿叶图形添加到商品名称上方用于装饰。使用与制作橙子包装贴纸相同的方法，制作苹果包装贴纸。

课后练习　设计文创品牌VI

　　"竹林间"是一家位于成都的文创店铺。近期"竹林间"准备设计新的品牌标志，以体现店铺的地域特征和文化特色，并将标志运用到杯子、钥匙扣、帆布包等场景中进行展示。由于熊猫是成都的吉祥物，具有很强的地域象征意义。因此，可以将标志的主图案设计为憨厚可爱的熊猫卡通形象，并搭配竹子图案作为点缀，以与品牌名称"竹林间"相呼应，参考效果如图 2-42 所示。

图2-42　文创品牌VI参考效果

图2-42 文创品牌VI参考效果（续）

【素材位置】配套资源:\ 素材文件 \ 第 2 章 \ "文创素材" 文件夹

【效果位置】配套资源:\ 效果文件 \ 第 2 章 \ "文创品牌 VI" 文件夹

第 **3** 章

商品视觉营销

本章导读

商品是店铺的主体，视觉效果好的商品图片不但能展现商品的优点，还能吸引消费者注意并促成商品成交。那么如何提升商品的视觉营销效果呢？可以通过合理拍摄、美化商品图片和设计引人注目的主图来实现。

知识目标

1. 了解商品的拍摄方法和准备事项
2. 熟悉主图的制作规范与文案视觉设计方法

能力目标

1. 能够拍摄服装、箱包鞋靴、珠宝首饰、玻璃制品等不同类型的商品图片
2. 能够美化商品图片，如校正变形的商品图片、调色、去除多余物体等
3. 能够设计商品主图，并进行主图视觉营销

素养目标

1. 培养摄影兴趣，提升商品图片后期处理能力
2. 培养敏锐的观察力和细致入微的注意力，挖掘并展现商品亮点

案例展示

拍摄商品图片

美化商品图片

设计商品主图

3.1 拍摄商品

商品的视觉呈现建立在商品图片素材的基础上，不能全部依赖后期设计。实际上，商品的视觉设计从拍摄商品开始就已经启动了，拍摄商品是商品主图视觉设计的源头。因此，从拍摄商品开始就应该进行完整统一的策划，从根本上确定商品的视觉呈现方向。

3.1.1 拍摄准备

不管是商家自己准备拍摄器材进行拍摄还是邀请专业拍摄团队进行拍摄，都应该有一个大致的拍摄计划，对拍摄风格、拍摄张数等事项进行事先确认，同时准备好拍摄所需的道具，确定好拍摄的时间、地点等。

- **确定拍摄风格**。商家在拍摄商品之前，应该根据商品的类目特点、市场定位、店铺定位、消费者定位等信息确认好拍摄风格，如选择什么样的模特、模特使用什么风格的妆容、在什么地方进行拍摄等。图3-1所示的商品主图中模特的妆容、姿势、动作，以及拍摄的背景都比较符合商品的定位，有利于消费者进行场景代入。

商品类别：中长款风衣

消费者定位：18～35岁

商品风格：简约、优雅、气质

拍摄主题：自然、随意、生活化

模特：年轻女性模特

妆容：清新淡雅

场景：户外街道

拍摄要求：体现都市风

图3-1 商品主图

- **确定拍摄张数**。在电商平台上展示商品通常需要进行全方位、多角度的展示，部分商品还需要展示局部细节或使用规范等。因此，在拍摄商品之前，商家需要根据实际需求计算每件商品各角度需要的照片数量及总共需要的照片数量，这有助于确保后期拍摄工作的顺利进行。此外，商家也可以在制订的视觉设计方案基础上确定照片的拍摄张数，如视觉设计需要达成某种效果，就按照该效果的设计要求来预估商品图片所需的张数。

- **准备拍摄道具**。拍摄道具是指拍摄设备、场景布置道具和商品等。首先，要准备好拍摄设备和辅助拍摄设备，同时将需要拍摄的商品按照款式、种类等进行整理，并确保做好相应准备工作。其次，在室内进行棚拍时，要做好背景的布置，选择与商品颜色、风格相搭配的材料和辅助道具以衬托商品，提高商品的视觉美感。最后，对于服装鞋包类商品的拍摄，必要时也要准备好相关搭配服饰。

- **确定时间地点**。确定时间地点是指确定预计拍摄时间，并选择和联系拍摄地点。为了控制拍摄进度，相关拍摄人员必须严格按照规定时间完成工作，现场拍摄也应做好时间的控制和调整。

3.1.2　拍摄不同类型的商品

拍摄并不是一项简单的工作，不同种类、材质、颜色的商品，拍摄方式各有不同。在拍摄商品时，要先了解被拍摄商品的材质特性，掌握该类商品的布光技巧，这样才能拍摄出优秀的商品图片。

1. 服装类商品的拍摄技巧

服装类商品根据风格的不同，也有不同的拍摄方式，图3-2所示为不同风格的服装拍摄效果。

图3-2　不同风格的服装拍摄效果

拍摄欧美风格的服装时，通常选择欧美模特，模特的妆容要大气，整体风格简约时尚。在内景选择方面，一般选择在摄影棚中拍摄，现场布景以单色背景为主，白色背景使用频率最高，其次是灰色、黑色和咖啡色等。在外景选择上，可以选择时尚都市建筑、街景、废弃工厂等场地。

拍摄韩式甜美风格时，通常选择长相甜美的模特，模特的妆容要清新自然，整体呈韩式风格。背景布置要以清新、自然为主，可选择商场、餐厅等场所作为室外拍摄地，也可选择有蕾丝边缘的白色窗布，再搭配浅色系、原木系家具，并有温暖灯光的场所作为室内拍摄地。

拍摄中国风服装时，通常选择符合东方审美气质的模特。复古端庄的模特，搭配时尚的拍摄元素，可以使服装显得大气。道具可选择传统龙凤图案、中国结、剪纸、兰花、水墨、脸谱等，以凸显服装的独特韵味，提高画面的整体意境。

除此之外，还可以拍摄自然随意的街拍风格、独具风情的民族风格、精干休闲的运动风格、干练精致的职业风格等。根据所选风格选择模特及其妆容，再选择与所选风格相适合、相关联的道具进行装饰衬托。需要注意的是，拍摄风格应与服装本身风格相符。

另外，服装属于吸光类商品，表面反射光线的能力较弱，适合使用直射光进行拍摄，以细腻地表现商品的质地。总之，服装类商品的拍摄要注意布光均匀，拍照时尽量使用自然光照明，或者在服装两侧放置反光板，以减淡其阴影。

2. 箱包鞋靴类商品的拍摄技巧

对箱包和部分鞋靴类商品，在拍摄时需要重点表现商品的质感，特别是皮质材料，往往还要求体现其光泽度。在拍摄这类商品时，可以使用较深的背景，从视觉上加强皮质的光泽度；也可使用纯色背景，如白色，这样拍摄的效果不容易受物体与物体之间的光线的影响，体现的颜色和质感会显得更加真实。同时为了体现商品的立体感，可以在商品上方布光，照亮背景，然后再通过左右两侧的补光来显示商品轮廓。必要时也可以使用底灯降低商品的阴影，使商品显得更加干净通透。另外，在拍摄反光强烈的材料时，如亮皮（又称漆皮或镜面皮）、金属等，注意使用柔光、逆光、侧光等对布光进行修饰，避免硬光直射时形成强反光现象，以便更好地体现其光泽和质感。图3-3所示为箱包鞋靴类商品的拍摄效果。

对于需要使用模特展示的箱包鞋靴类商品，其拍摄风格与服装比较类似，要先根据商品风格确认拍摄风格，然后搭配模特妆容、服饰，再选择与之相适应的室内或室外场景。

图3-3　箱包鞋靴类商品的拍摄效果

3. 珠宝首饰类商品的拍摄技巧

珠宝首饰类商品一般具有高反光性，可以反射光线并映射周围物体，在拍摄时往往需要通过布光对光照、反射等要素进行调整。同时要注意避免周围物体的映射，可使用低亮度柔光灯罩将商品与环境隔开。布光时所使用的工具主要包括纸张、反光板、聚光灯、柔光箱等，应根据不同的首饰特性选择不同的工具进行拍摄。

拍摄珠宝首饰类商品时，可充分利用饰品与背景受光的差异，如利用日出日落时柔和的逆光进行拍摄，调整好拍摄位置和角度，让饰品被展现得更加美观。也可利用室内和室外人工造成的受光差异，或天空和水面的自然强反射效果，让拍摄的反光效果更加自然，使商品展现的效果更佳。在室内布景拍摄时，钻石类商品的布光以补光为主。通过布光可以打出不同面的明度和高光，使各棱边产生清晰的光亮，但要注意对反光进行调整。拍摄金银类商品应使用直射光，补光则需要使用各种小的反光板，包括金、银、黑、白等颜色的反光板，在特定的角度进行补光，以突显金银首饰表面的坚挺或圆润。

另外，不同材质的首饰对光线的要求不同，对拍摄背景的要求也不一样，必须根据首饰的材质来选择最适合的背景和纹理，以更好地烘托被拍摄的对象。一般选择可以与首饰的质地产生鲜明对比的背景和纹理，以突出首饰的特点，如粗糙与平滑的对比、明亮与暗淡的对比、柔和与坚硬的对比等。图 3-4 所示为珠宝首饰类商品的拍摄效果。

图3-4　珠宝首饰类商品的拍摄效果

◎ 职业素养

拍摄珠宝首饰类商品尤其需要耐心和细心，因为拍摄这类商品时常需要花费大量的时间来调整光线、角度和细节，这也要求拍摄人员具备敏锐的观察力和细致入微的注意力，去发现珠宝首饰的每一个细节和特点，并捕捉微小的光影变化和色彩层次，以展现出珠宝首饰的魅力与精致。此外，珠宝首饰类商品价值贵重，且有的商品易碎、易磨损，因此，在拍摄前后应妥善存放和保护，避免损坏或丢失。

4. 玻璃制品类商品的拍摄技巧

玻璃制品类商品具有反射和投射光线的特性，在拍摄时，需要注意体现商品的轮廓形状，保证商品的通透感。一般可使用逆光拍摄，让光线从拍摄对象后面投射，这样更容易表现出被拍摄物体的通透感。与强直射光相比，在从玻璃窗射入的斜射晨光映衬下拍摄出的商品拍摄效果更好；也可将商品放置在磨砂材质的有机玻璃板或倒影板上辅助拍摄，通过逆光表现商品的通透感。另外，增加曝光也可以体现商品的通透感。

此外，在拍摄玻璃制品时，也可以使用一些技巧。例如，在明亮的背景前，将玻璃制品以黑线条呈现出来；或在深暗的背景前，将玻璃制品以亮线条呈现出来。图 3-5 所示为玻璃制品类商品的拍摄效果。

图3-5 玻璃制品类商品的拍摄效果

- **黑线条**。黑线条的表现是利用光的折射原理。光线折射最主要的作用是将玻璃制品的轮廓刻画为深暗的线条。布光上的处理方式是将背景设置成明亮色调，将透明物体放在与浅色背景有一定距离的位置，光线不直接照射被摄物；用 1～2 盏带蜂巢聚光器的泛光灯从中间或两侧向背景打光，背景反射的光线穿过玻璃层，在被拍摄物体的边缘通过折射形成深暗的轮廓线条，线条的宽度与玻璃的厚度成正比。另外，不同光源的强度和直径得到的效果会有所不同，光域越小、光线越强，其反差就越大。为解决背景水平部分难布光的情况，可选择半透明连底背景或台架，在下方进行适当打光，但应注意光的强度不能干扰黑线条的表现。

- **亮线条**。亮线条的表现是利用光的反射原理。亮线条表现的背景要呈深暗色调，以衬托出被拍摄物体的明亮轮廓。亮线条的布光是在被拍摄物体的两侧后方各放置一块白色反光板，再用聚光灯或加蜂巢聚光器的泛光灯照射反光板，通过反光板反射出的光照亮被拍摄物体的两侧，从而形成明亮的线条。除此之外，在被拍摄物体的侧上方用雾灯、柔光灯或其他扩散光对被拍摄物体打光，在被拍摄物体两侧加反光板补光，可实现在玻璃制品的两侧外轮廓及顶部出现明亮线条的效果。

总之，不同类型商品拍摄的重点在于对光的把控，要懂得区分商品特征，针对有吸光、反光、透明等特征的商品，选择合适的布光方式，拍摄出优秀的商品图片。

> **经验之谈**
>
> 在拍摄前，应注意分析被拍摄商品的表面结构，合理表现其软硬、轻重、粗细、冷暖等物理特征，通过影像来表现其嗅觉与味觉等感官特征。例如，玻璃的玲珑剔透、金属的坚实沉重、水的润泽、冰的寒冷、水果的酸甜等，都可通过对影像中光线的控制来准确呈现。

3.2 美化商品图片

在商品视觉营销中，商品图片的美观程度是不可或缺的一部分。若商品图片存在变形、尺寸不符、色调昏暗、有污点、不够清晰、有色差等问题，就需要使用合适的图像处理软件对商品图片进行处理，提高商品图片的展现效果。处理后的商品图片可直接用于商品的视觉营销，也可用于后期制作视觉营销效果图或店铺的装修与美化中。

3.2.1 校正变形的商品图片

在拍摄垂直构图的商品图片时，商品外形常常会出现不够垂直或变形等情况，此时可对商品图片进行校正，如使用裁剪工具调整变形的商品图片等，具体操作如下。

校正变形的
商品图片

步骤 01 使用Photoshop打开"香水.jpg"素材文件（配套资源:\素材文件\第3章\香水.jpg），观察图片可发现商品图片中的香水是倾斜的，如图3-6所示。

图3-6 观察图片

步骤 02 选择【视图】/【标尺】命令，使图像编辑区内显示标尺，将鼠标指针移到图像编辑区左侧标尺处，按住鼠标左键不放并向右拖曳鼠标指针到香水左侧，此时香水左侧出现一条垂直的参考线，用作校正的辅助线。

步骤 03 双击"背景"图层，打开"新建图层"对话框，保持默认设置不变，单击 确定 按钮。

步骤 04 按【Ctrl+T】组合键进入自由变换状态，将鼠标指针移至图像编辑区右上角定界框的外侧，当鼠标指针变为 形状时，按住鼠标左键不放并旋转图像，旋转到香水与参考线平行，如图3-7所示，然后松开鼠标左键并按【Enter】键。

步骤 05 按【Ctrl+;】组合键隐藏参考线，选择"裁剪工具" ，单击图像编辑区中任意位置，显示裁剪框，拖曳裁剪框四个角，使商品在画面中更加突出，如图3-8所示。

图3-7 旋转图片

图3-8 裁剪图片

步骤 06　按【Enter】键确认裁剪，此时画面右下角有透明区域，需要填充完整。选择"套索工具" 🔾，在画面右下角透明区域周围单击并按住鼠标不放，沿透明区域移动鼠标指针，当鼠标指针回到起点时松开鼠标，创建选区如图 3-9 所示。

步骤 07　选择【编辑】/【内容识别填充】命令，打开"内容识别填充"对话框，保持默认设置不变，预览时若发现填充效果自然且和谐，则单击 确定 按钮，最终效果如图 3-10 所示，最后保存文件（配套资源 :\ 效果文件 \ 第 3 章 \ 香水 .psd）。

图3-9　选取图片局部　　　　　　　　　　图3-10　内容识别填充后的图片

3.2.2　调整商品图片的色彩

受到拍摄光线和时间的影响，拍摄的商品图片可能无法还原商品真实色彩，或存在同一商品的多张图片色调不一致的情况。为了保证商品图片呈现和谐统一的色调，向消费者展现真实的商品色彩，在保证商品图片不失真的前提下，需要对其进行调色处理，具体操作如下。

调整商品图片
的色彩

步骤 01　打开"珠宝 .jpg"素材文件（配套资源 :\ 素材文件 \ 第 3 章 \ 珠宝 .jpg），观察图片可发现商品图片中的珠宝光泽不明显，整体场景较暗，白色珍珠和金色银杏受到红色背景影响色调偏红，如图 3-11 所示。

步骤 02　选择【图像】/【调整】/【亮度 / 对比度】命令，打开"亮度 / 对比度"对话框，设置亮度、对比度分别为"28""36"，单击 确定 按钮，效果如图 3-12 所示。

步骤 03　选择【图像】/【调整】/【曝光度】命令，打开"曝光度"对话框，设置曝光度、灰度系数校正分别为"0.33""1.04"，单击 确定 按钮，效果如图 3-13 所示，此时图片亮度适宜。

图3-11　观察图片　　　　　　图3-12　调整亮度与对比度　　　　　　图3-13　调整曝光度

步骤 04　选择【图像】/【调整】/【色彩平衡】命令，打开"色彩平衡"对话框，单击选中"中间调"单选项，设置色阶为"-19、0、0"；单击选中"高光"选项，设置色阶为"-17、0、0"，单击 确定 按钮，效果如图 3-14 所示，此时金色银杏色调已恢复正常，但珍珠仍有点偏粉红色。

步骤 05　选择【图像】/【调整】/【可选颜色】命令，打开"可选颜色"对话框，在"颜色"下拉列表中选择"白色"选项，单击选中"绝对"单选项，设置洋红、黄色分别为"-23""-15"，单击 确定 按钮，效果如图 3-15 所示，此时珍珠已不偏色。

步骤 06　选择【图像】/【调整】/【自然饱和度】命令，打开"自然饱和度"对话框，设置自然饱和度为"53"，单击 确定 按钮，效果如图 3-16 所示，此时图片的色彩效果更加鲜艳、更具吸引力，最后保存文件（配套资源:\效果文件\第 3 章\珠宝.jpg）。

图3-14　调整色彩平衡

图3-15　调整白色

图3-16　调整自然饱和度

3.2.3　去除商品图片中的多余物体

通常，没有经过处理的商品图片除了尺寸不符合需求，还可能存在商品破损、商品有瑕疵、画面有多余物体等问题，此时需要对商品图片进行处理，使商品图片更加美观，具体操作如下。

去除商品图片中的多余物体

步骤 01　打开"运动鞋.jpg"素材文件（配套资源:\素材文件\第 3 章\运动鞋.jpg），如图 3-17 所示，图中的运动鞋和网球饰品借助了黑色支架、透明鱼线进行悬挂拍摄，需要通过处理来去除这些辅助工具。

图3-17　观察图片

步骤 02　按【Ctrl+J】组合键复制背景图层，选择"污点修复画笔工具" ，在工具属性栏中设置画笔大小为"15"，硬度为"52%"，类型为"内容识别"，在鱼线上单击并按住鼠标左键不放，沿着鱼线拖曳鼠标进行涂抹，如图 3-18 所示。多次重复操作，直至去除所有鱼线，在涂抹鱼线与运动鞋、网球连接处时，可放大视图用不断单击的方式更精细地去除，效果如图 3-19 所示。

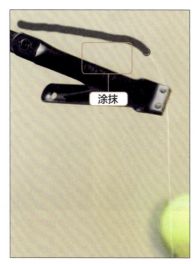

图3-18　涂抹鱼线　　　　　　图3-19　去除鱼线的效果

步骤 03　选择"修补工具" ，设置扩散为"5"，在左上角的支架处按住鼠标左键不放绘制选区，框选支架；将鼠标指针移至选区内，按住鼠标左键向下方背景处拖曳选区；松开鼠标左键，按【Ctrl+D】组合键取消选区，查看修补效果，如图 3-20 所示。

图3-20　修补支架

步骤 04　使用与步骤 03 相同的方法，依次修补其他支架，若区域在首次修补后出现不自然的情况，可多次重复修补，直至去除所有支架，效果如图 3-21 所示。

步骤 05　选择"仿制图章工具" ，设置画笔样式为"柔边圆"，大小为"150"，硬度为"60%"，按住【Alt】键不放在运动鞋下方的草坪处单击进行取样，然后将鼠标指针移至草坪中的支架底座上，多次单击或涂抹，如图 3-22 所示。

步骤 06　使用与步骤 05 相同的方法，修复草坪中的所有支架底座及草坪左下方的杂草，在此过程中可以根据修复情况重新取样，或调整画笔大小、硬度，最终效果如图 3-23 所示，最后保存文件（配套资源 :\ 效果文件 \ 第 3 章 \ 运动鞋 .psd）。

图3-21　去除所有支架

图3-22　仿制草坪去除底座

图3-23　最终效果

3.3　设计商品主图

商品主图通常出现在商品搜索结果页面、店铺首页、店铺活动页和商品详情页等位置，对引导消费者进店起着关键性的作用。作为消费者进入店铺的主入口，商品主图的视觉效果在某种程度上决定了店铺的访客量。因此，必须做好商品主图的视觉营销，掌握优化商品主图视觉效果的方法，提高其设计感和点击率，将更多流量引入店铺。

3.3.1　商品主图制作规范

为了提高消费者的购物体验，方便消费者更快地找到所需的商品，主流的电商平台现在都对商品主图的制作进行了规范，不符合规范的商品主图往往会被搜索降权（商品按关键词搜索时可以搜索到，但在同词条商品排名的最后位置），因此在设计商品主图之前，必须了解商品主图的制作规范。

- 尺寸规范。淘宝横版主图的尺寸是 800 像素 ×800 像素；淘宝竖版主图的尺寸为 800 像素 ×1200 像素、750 像素 ×1000 像素，即主图需达到 2:3 或者 3:4 的比例；京东平台主图尺寸为 800 像素 ×800 像素；拼多多的主图尺寸为 740 像素 ×352 像素。为了不重复制作，在制作横版主图时一般采用 800 像素 ×800 像素的通用尺寸，分辨率选择 72 像素 / 英寸，大小尽量控制在 3M 以内。

- 数量规范。在拼多多平台上，商品主图的全部数量为 1 个主图视频 +10 张主图图片，首张主图会在搜索页面中显示，因此需要重点制作，而第 2 ～第 5 张主图内容为展示的商品，第 6 ～第 10 张主图内容为展示消费者对商品的评价。而淘宝平台采用 5 张主图的模式，或 1 个主图视

频 +5 张主图的模式。京东则采用 1 个主图视频 +9 张主图的模式，第 1 ～ 第 7 张主图内容为展示的商品，第 8 张和第 9 张主图内容为展示消费者对商品的评价。

- **格式规范。** 图片格式为 PNG、JPG 或 JPEG 格式。
- **内容规范。** 商品图片美观度高，品质感强，商品尽量平整展现。构图明快简洁，商品主体突出，居中放置。不能有与商品无关的拼接图或水印。

聚划算、天天特价等活动，对商品主图也会有相应的规范，不符合设计规范的商品主图难以通过活动申请。商家可以在电商平台中查询相关要求，以便设计出符合规范的商品主图。

3.3.2　商品主图文案视觉

商品主图的文案视觉是指图片和文案的结合，通过巧妙地组合图片、文字，可以打造出富有视觉效果、方便消费者识别和记忆的视觉化文案，这样的文案能够使商品主图发挥出更大的营销作用。根据不同的文案视觉风格、作用，可以将商品主图分为以下几种类型。

1. 卖点营销文案

卖点营销文案是指重点突出商品卖点的文案，旨在通过商品卖点吸引消费者的注意力，激发其购买欲望。当商品卖点无法通过图片直接展示时，可以搭配卖点营销文案进行说明。卖点营销文案一般要求卖点突出、表达简练、紧扣商品特性，如图 3-24 所示主图中的标题文案。

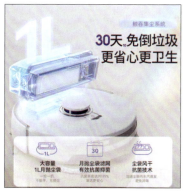

图3-24　卖点营销文案

2. 痛点营销文案

痛点是指消费者未被满足的，或急需解决的需求。痛点营销文案是指针对消费者急需解决的需求来设计的文案，旨在通过突出痛点来打动消费者，促使其购买商品。痛点营销文案的设计往往建立在了解消费者的需求之上，因此商家必须深入了解自己所在行业的商品，以及消费者最迫切需要满足的需求，甚至可以主动让消费者明白，面对这件商品他们最应该关注的是什么。图 3-25 所示的酸奶商品主图既回应了消费者担心酸奶虽然具有很高的营养价值，但糖分高、热量高，吃了容易使人长胖等痛点问题，又挖掘出酸奶具有健身、减肥等方面的作用，并针对这些痛点和作用来设计营销文案。

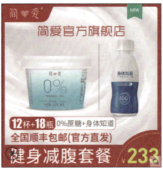
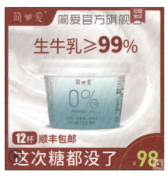

图3-25 痛点营销文案

3. 情感营销文案

情感营销文案是指通过挖掘商品对消费者的情感意义而设计的文案。情感营销文案可以唤起消费者的情感需求，从情感上影响和打动消费者，如图3-26所示主图中的标题文案。

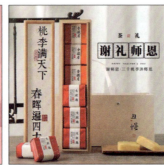
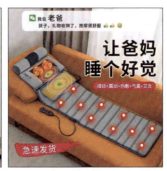

图3-26 情感营销文案

4. 品牌营销文案

品牌营销文案是指通过文字来展示品牌形象，增强消费者对品牌好感的文案。例如，某运动品牌的文案——"活出你的伟大"，该文案传递出品牌努力拼搏、活出自我的品牌精神，这种品牌精神和文化可以影响消费者，使其对品牌产生好感，继而购买该品牌的商品。图3-27所示的茶具商品主图以品牌文化"瓷为器 匠于心"作为商品主图的品牌文案，展现品牌气质和品质，有助于树立起良好的品牌形象，其品牌营销文案设计不仅提高了图片的视觉效果，也加深了消费者对品牌和商品的印象。

图3-27 品牌营销文案

5. 活动营销文案

活动营销文案是指品牌和商品开展某项活动时使用的文案，其内容一般依据活动的目的而定，如活动目的是提高流量、提高转化率时，活动营销文案一般偏促销型，主要展示活动的促销情况，以此来吸引消费者的注意力。促销型的活动营销文案要在第一时间吸引消费者的注意力，因此文案设计应该醒目吸睛，且易于理解。同时，为了刺激消费者参与活动的热情，还要尽可能体现活动的力度，展示活动的优惠，让消费者感觉物超所值，另外还可以适当营造紧迫的活动气氛，从心理上减少消费者的考虑时间，促使其快速做出购买决策。图3-28所示商品主图为某促销型活动营销文案，其通过优惠券、赠送、百亿补贴、折扣等文案营造紧张、热烈的活动氛围，促使消费者购买商品。

图3-28　活动营销文案

如果活动目的是打造品牌形象，那么活动营销文案则类似于品牌文案。以与品牌定位相符的文案对品牌进行宣传推广，可以加深消费者对品牌的印象。

6. 节日营销文案

节日营销文案是指利用节日进行促销的文案，旨在通过营造节日气氛来开展促销活动。常见的中国传统节日，以及现在的"618""双11""双12"等电商节日都可开展节日营销。节日营销文案常基于节日特点进行写作和设计，如中秋节的节日文案，一般会向消费者传递团圆、思念等情感；春节则偏向团聚、喜庆等情感，如图3-29所示，这些文案将消费者带入春节的氛围之中，在带给消费者节日乐趣的同时，又促进了商品的推广。

图3-29　节日营销文案

7. 新品营销文案

新品营销文案是指对新品进行推广时使用的文案，常围绕新品的各个方面进行构思和创作。其实很多新品在推广时依然以卖点为主，通过卖点营销文案吸引消费者的注意力。但在新品营销文案中往往还要强调商品的"新"，如在文案中添加"新品上市""新品预定"等内容，如图 3-30 所示。新品营销文案是商家推出新品的重要营销手段，新品是否能快速被消费者看到并得到认可，很多时候取决于新品文案的设计是否能吸引消费者的注意力。因此，商家要充分抓住新品特点，打造出富有特色和辨识度的新品营销文案。

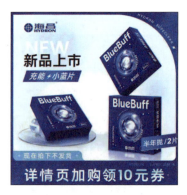  

图3-30　新品营销文案

3.3.3　制作商品主图

在年货节来临之际，"古茗茶道轩"店铺需要为一款新茶制作商品主图，要求着重宣传新茶品级和半价活动，并呈现茶叶礼盒，同时搭配年货节相关装饰。在设计时，可以以茶叶的绿色为主色，搭配红色、金色，给人以复古、高端的印象，具体操作如下。

制作商品主图

步骤 01　新建大小为"800 像素 ×800 像素"，分辨率为"72 像素 / 英寸"，名为"茶叶主图"的文件。

步骤 02　设置前景色为"#103725"，按【Alt+Delete】组合键填充前景色。打开"背景装饰 .psd"素材（配套资源 :\ 素材文件 \ 第 3 章 \ 背景装饰 .psd），将其中的图层组拖入主图背景中，并调整其大小和位置，效果如图 3-31 所示。

步骤 03　选择"圆角矩形工具"，设置填充颜色为"#f5f7f6"，描边颜色为"#936438"，描边宽度为"5 像素"，圆角半径为"22"，绘制一个较大的圆角矩形，如图 3-32 所示。

步骤 04　选择圆角矩形，选择【图层】/【图层样式】/【斜面和浮雕】命令，打开"图层样式"对话框，设置光泽等高线为"环形"，高光颜色为"#ffffff"，阴影颜色为"#000000"，其他参数如图 3-33 所示，单击 确定 按钮。

步骤 05　选择"自定形状工具"，设置填充颜色为"#0f4930"，描边颜色为"无颜色"，形状为"有叶子的树"文件夹中的"桑树"，在圆角矩形左侧绘制形状，并设置该形状图层的填充为"10%"，按【Alt+Ctrl+G】组合键创建形状为圆角矩形的剪贴蒙版。使用相同的方法在圆角矩形右侧绘制"枯死的松树"树木，效果如图 3-34 所示。

　　步骤 06　打开"茶叶礼盒 .jpg"素材（配套资源 :\ 素材文件 \ 第 3 章 \ 茶叶礼盒 .jpg），需要将商品从背景中抠取出来。选择"对象选择工具" 📷，在商品左上方单击，按住鼠标左键不放并向右下方拖曳框选商品，如图 3-35 所示，松开鼠标左键，Photoshop 将自动识别主体对象并为其创建选区，效果如图 3-36 所示。

图3-31　制作背景

图3-32　绘制圆角矩形

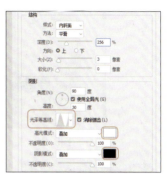

图3-33　设置斜面和浮雕

图3-34　绘制树木

图3-35　框选商品

图3-36　自动创建选区

📒 知识补充

　　Photoshop 提供了多种工具和命令来抠取商品图片，其中"对象选择工具" 📷 可快速抠取与背景边界清晰、不含毛发的图像；"钢笔工具"可抠取复杂的主体图像；"魔棒工具" 🪄、"背景橡皮擦工具" 🧽、"魔术橡皮擦工具" 🧼、"主体"命令可快速抠取纯色背景中的对象，以及适合抠取主体明确且与背景有较大反差的图像。

　　步骤 07　按【Ctrl+C】组合键复制选区内容，切换到"茶叶主图"文件，按【Ctrl+V】组合键粘贴，调整商品的位置和大小，效果如图 3-37 所示。

　　步骤 08　按【Ctrl+J】组合键复制商品所在图层，选择原商品所在图层，按【Ctrl+T】组合键进入自由变换状态，在图像编辑区中单击鼠标右键，在弹出的快捷菜单中选择"垂直翻转"命令，然后将图像向下拖曳至图 3-38 所示的位置，按【Enter】键确认变换。

图3-37　复制并编辑商品

步骤 09　选择"橡皮擦工具" ，设置画笔样式为"柔边圆"，大小为"200 像素"，流量为
"100%"，擦除原商品所在图层的 3/4 的图像；然后修改流量为"40%"，继续擦除下边缘，使效果
更加柔和，更贴合真实的倒影，效果如图 3-39 所示。

图3-38　翻转商品　　　　　　　　　　　图3-39　制作倒影

步骤 10　设置原商品所在图层的不透明度为"53%"，在其上方新建图层，使用"画笔工具"
在商品底部绘制灰色阴影，效果如图 3-40 所示。

图3-40　绘制阴影

步骤 11　置入"年货节吉祥物 .png"素材（配套资源：\素材文件\第 3 章\年货节吉祥物 .png），
将其移至商品右下角。打开"主图装饰 .psd"素材（配套资源：\素材文件\第 3 章\主图装饰 .psd），
将其中所有内容拖入"茶叶主图"文件中并布局，效果如图 3-41 所示。

步骤 12　综合运用"直排文字工具" 、"横排文字工具" 输入图 3-42 所示的文字，更直观、
全面地介绍商品，最后保存文件（配套资源：\效果文件\第 3 章\茶叶主图 .psd）。

图3-41　布局主图　　　　　　　　　　　图3-42　输入商品信息文字

茶文化是我国的传统文化之一，在设计与传统文化相关的作品时，可以结合传统文化的发源、发展和特点等内容来体现我国的悠久历史和文明礼仪，从而树立文化自信，推动我国优秀传统文化的继承与不断发扬光大。

课堂实训——设计坚果主图

实训目标

某坚果店铺上新了一款开心果，准备为其制作 800 像素 ×800 像素的主图，但由于拍摄的开心果图片存在有污点、偏色和曝光不足等问题，因此需要先进行调色与修复处理，再抠取开心果图像，然后利用提供的背景素材制作主图，接着在其中添加商品图像、输入文字和绘制装饰图形等，坚果主图效果如图 3-43 所示。

图3-43　坚果主图参考效果

【素材位置】配套资源:\ 素材文件 \ 第 3 章 \ 开心果 .jpg、坚果主图背景 .psd

【效果位置】配套资源:\ 效果文件 \ 第 3 章 \ 坚果主图 .psd

实训思路

步骤 01　打开"开心果 .jpg"素材，运用"仿制图章工具"　、"污点修复画笔工具"　等去除开心果果壳上的污点。

步骤 02　运用"亮度 / 对比度""曝光度""阴影 / 高光"等命令提高图片明度，再运用"色相 / 饱和度""色彩平衡"等命令校正图片中偏黄的色彩问题。

步骤 03　综合运用"对象选择工具"　和"钢笔工具"　抠取开心果主体图像。

步骤 04　新建"坚果主图"文件，在其中添加"坚果主图背景 .psd"素材，以及抠取的开心果图像。

步骤 05　运用"矩形工具"　在图像编辑区左下角绘制一个红色渐变圆角矩形（渐变颜色为#fe1f3e ～ #fd556e），在图像编辑区中央靠上位置绘制一个白色圆角矩形和绿色虚线描边圆角矩形，作为文字底纹。

步骤 06 使用"横排文字工具" T 输入文本，展示商品基本信息和优惠活动，然后为文本设置合适的文本格式，最后保存文件。

课后练习

练习1 设计连衣裙竖版主图

某童装店铺拍摄了一张连衣裙图片，但该图片曝光不足，颜色稍显暗淡，需要适当调整色彩，提高图片的对比度与饱和度，使其尽量接近商品本身的颜色，然后为其替换一张美观的背景，置入装饰形状，制作成 750 像素 ×1000 像素的主图，参考效果如图 3-44 所示。

图3-44 连衣裙竖版主图参考效果

【素材位置】配套资源:\素材文件\第 3 章\连衣裙 .jpg、装饰形状 .png、连衣裙背景 .jpg

【效果位置】配套资源:\效果文件\第 3 章\连衣裙竖版主图 .psd

练习2 设计洗面奶横版主图

某品牌准备上新一款洗面奶，现已拍摄了商品图片，要求抠取洗面奶图片，并利用提供的主图背景素材，运用文字和蒙版等功能制作一张 800 像素 ×800 像素的主图，参考效果如图 3-45 所示。

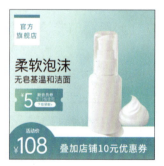

图3-45 洗面奶横版主图参考效果

【素材位置】配套资源:\素材文件\第 3 章\洗面奶 .jpg、洗面奶主图背景 .psd

【效果位置】配套资源:\效果文件\第 3 章\洗面奶横版主图 .psd

第 **4** 章

店铺首页视觉营销

本章导读

　　消费者在线下购物时，通常会选择那些装修精美、摆饰别致，具有视觉吸引力的店铺，线上购物同样如此。电商平台上的大部分商家都会精心装修店铺首页，打造符合店铺定位且被消费者喜欢的店铺首页视觉效果。当消费者进入店铺首页后，可以通过店铺首页的设计快速了解店铺或品牌，并判断店铺是否与自己的喜好相符，一旦产生好感和认同感之后，就很有可能收藏店铺，成为潜在的消费者，甚至成为忠实的消费者。

知识目标

1. 熟悉PC端店铺首页的主要结构、布局方式，以及各板块的设计要点
2. 熟悉移动端店铺首页的框架布局和设计要点

能力目标

1. 能够设计店招与导航、全屏海报、优惠活动区、商品分类区、商品促销展示区、页尾
2. 能够设计移动端店铺首页

素养目标

1. 培养全局思维，综合考虑店铺营销目标并进行首页设计
2. 学会从消费者角度出发，优化页面布局

案例展示

PC端与移动端店铺首页（局部）

4.1 规划店铺首页

　　店铺首页是塑造品牌形象和吸引消费者浏览、点击的关键区域，其视觉设计效果直接影响着店铺的转化率和销售额。在进行店铺首页视觉设计时，首先要进行规范布局，保证首页的视觉效果能够给消费者留下深刻的印象，提高消费者对店铺的好感度，从而提升店铺首页的浏览量、点击率并减少跳失率，以提高店铺的整体销量。

4.1.1 店铺首页的主要结构

　　清晰的首页结构布局有利于提高消费者的体验，帮助消费者在首页上快速找到所需的商品，降低首页的跳出率，从而促进商品销售。首页一般包括页头、页中和页尾 3 个部分，页头和页中又包含若干个不同的功能板块，如图 4-1 所示，具体的板块内容可根据店铺的实际需要进行安排。

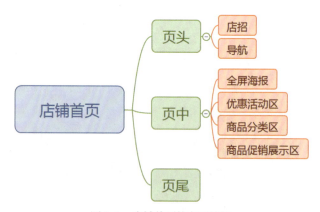

图4-1　店铺首页的主要结构

1. 页头

　　页头位于首页的最顶端，包括店招和导航两个板块。页头可以在店铺各个页面中进行展现，是视觉设计和营销的重点区域之一。

- **店招**。店招也叫店铺招牌，位于店铺页面的最上方，主要由品牌Logo、品牌名称、少量文案、商品图片和收藏按钮等内容组成。
- **导航**。导航位于店招的下方，主要用于展示店铺的商品分类，方便消费者快速找到店铺内的商品。

图4-2所示为小米官方旗舰店首页的页头设计，页头中的店招主要包含品牌Logo、店铺名称、收藏按钮和热卖商品的跳转链接等内容，导航条中展示店铺的"全部商品""首页""小米手机""红米手机""电视空洗""笔记本路由""穿戴出行""智能硬件""小家电""配件百货"等商品类别，以及搜索栏。

图4-2　小米官方旗舰店首页的页头设计

2. 页中

页中是展示商品的区域，根据店铺的实际需求，可以展示全屏海报、优惠活动区、商品分类区和商品促销展示区等板块，如图4-3所示。

图4-3　店铺首页的页中设计

- **全屏海报**。全屏海报主要用于展示店铺形象、上新商品、推荐商品和促销活动等信息，是消费者进入店铺首页的视觉焦点，也是店铺首页的设计重点。
- **优惠活动区**。优惠活动区主要展示店铺当前的优惠活动，如优惠券、满减、折扣等，方便消费者了解当前店铺内的优惠内容，一般多个活动会同时存在。
- **商品分类区**。商品分类区一般位于优惠活动区的下方。在设计商品分类时，为了更好地发挥商品分类区的作用，需要从店铺的装修风格、商品特性、消费者的需求和浏览习惯等方面入手。
- **商品促销展示区**。商品促销展示区是展示店铺内单个商品的板块，一般会展示热门商品、主推商品和促销商品。其中，主推商品一般是指店内人气较高、销量较好或者新上市的商品。

3. 页尾

页尾位于首页的末尾，可根据店铺实际需要进行添加，常用于展示店铺网址、二维码、品牌形象、店铺服务和温馨提示等内容，目的在于提高消费者对店铺的信任度、好感度，以及加深其对品牌的印象，也可根据需要添加"返回顶部"按钮，方便消费者从头进行浏览。图4-4所示为DJI大疆官方旗舰店的页尾设计。它整体运用了灰色与蓝色，符合店铺简约现代的设计风格，与科技、创新、专业的品牌形象相契合，展示了该品牌的特色、理念以及服务保障等内容，有助于打消消费者疑虑，增加消费者的好感和信任感。

图4-4　DJI大疆官方旗舰店的页尾设计

🖱 **职业素养**

在设计店铺首页时，需要严格遵循广告法规定，避免设计的首页中出现违反规定的文字、图像等元素。这样不但可以避免后续的修改工作，也可以避免对消费者造成误导，从而帮助品牌、店铺和商家树立良好的形象。

4.1.2　店铺首页的布局方式

店铺首页的合理布局有利于规划重点，明确信息表现的先后顺序，帮助消费者快速建立与页面的视觉联系，使消费者能够在第一时间找到页面的重点信息。常见的页面布局方式如下。

1. 平衡式布局

平衡式布局是指合理安排和分配页面内容和空白空间，使得整个页面在视觉上呈现出均衡、稳定的感觉。从视觉感受上来说，平衡的页面布局十分符合人们的视觉习惯，可以带给人平稳、舒适的视觉体验。图4-5所示的页面，就采用了平衡式布局，虽然左右两侧的内容不完全对称，但量感（对数量或程度的感觉或体验）相近，这使整个页面设计具有充分的稳定性，带给消费者安定感和舒适感。

> **📝 经验之谈**
>
> 平衡主要体现力的重心，对称在视觉上有均匀、协调、整齐、典雅的美感。将对称和平衡结合使用，可以打破绝对对称的单调，形成不对称的平衡关系，使画面更具变化性。为了保证整个页面的布局平衡，商家可对构成页面的单张图片进行平衡式布局，单张图片比较常见的平衡式布局有左图右文、左文右图、上文下图等。

2. 规律式布局

规律式布局是指按照一定的规律对各种布局元素进行排列组合，使其呈现出规律性变化，从而使整体页面具有统一的、连贯的、舒适的视觉体验。在规律式布局中，商家进行商品排布时需要注意节奏感，使排布方式，有一定的疏密、大小或曲直的区分。图4-6所示的店铺首页整体既和谐统一，又有一定的变化。

图4-5　平衡式布局

图4-6　规律式布局

3. 流程式布局

流程式布局是指以流程图的方式展示页面信息和商品，可以有序引导消费者的视线，让枯燥的信息展示变得个性十足，消费者浏览起来更简单明了，充满趣味性。图4-7所示的页面布局形式就是通过一个完整的流程线将页面内各个板块串联起来展示。

4. 轮廓式布局

轮廓式布局是指将页面设计成一个完整的轮廓，如使用红包、动物、植物等形状作为轮廓，构建一个边界或轮廓线，然后将视觉内容巧妙地填充进去。这种处理方式能够让消费者迅速注意到轮廓内的主要信息，同时可以让页面更有设计感。图 4-8 所示的页面，将页面内容框在龙舟轮廓中，契合端午节主题，同时能够突出轮廓中的粽子商品。需要注意的是，轮廓形状应尽量简化，不用添加太多烦琐的、次要的元素，要突出重点信息，以免影响消费者识别信息。

图4-7　流程式布局

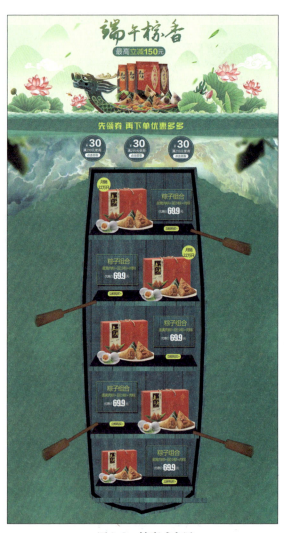

图4-8　轮廓式布局

5．切割式布局

切割式布局是指按照一定的方式将页面切割为不同的形状，如切割为三角形、矩形、圆形、菱形或其他不规则形状，让页面整体更具几何设计感与节奏感，从而提高页面的生动性。图 4-9 所示的页面，通过圆角、色块等元素来切割页面内容，将内容区分显示，以便于消费者浏览。

6．留白式布局

留白式布局是指为了使整个页面更加简洁、大气、协调，而有意留下一定的空白。留白区域不局限于白色背景，一般来说，某一区域无额外元素、无装饰、处于空白的状态等，皆可称作留白。这种布局方式可以将页面的视觉中心集中在某一个点上，更好地突出商品和文字信息，也能够给消费者带来良好的视觉体验，方便消费者直接筛选和获取页面信息。图4-10所示的店铺首页就采取了留白式布局，恰到好处的留白让整个页面显得十分简约，提高了品牌格调，并且达到了突出商品和文字信息的效果。

图4-9　切割式布局

图4-10　留白式布局

4.2　设计店招与导航

　　店招与导航是店铺形象和风格的代表，其视觉效果可以直接影响消费者对店铺的印象。掌握店招与导航的设计方法可以更好地树立店铺形象，吸引消费者的注意力。

4.2.1　店招的设计要点

　　店招即店铺的招牌，它在很大程度上构成了消费者对店铺的第一印象。鲜明、有特色的店招对于店铺品牌和商品定位有着不可替代的作用。店招中可以包含文字、图片、形状等视觉设计元素，通过这些元素的巧妙组合，可以形成诸如品牌 Logo、店铺广告语、促销商品、优惠信息、活动信息等常见的内容，除此之外，也可根据需要添加关注或收藏按钮、店铺公告及联系方式等内容。需要注意的是，店招的展示范围有限，展示的内容不宜过多，在保证简洁美观的基础上，需要结合店铺现阶段的定位来整合内容。

一般来说，店招主要包括品牌型店招和商品型店招两种类型。

- **品牌型店招**。品牌型店招以品牌形象展示为主。进行视觉设计时，在店招中可以展示店铺名称、品牌 Logo、品牌理念、品牌成绩等内容，以体现品牌的品质和实力，如图 4-11 所示。部分品牌也会在店招中添加收藏店铺、关注店铺等按钮，方便消费者关注店铺，进一步提高品牌的知名度。品牌型店招主要代表品牌的形象，所以更注重视觉效果和创新性。

图4-11　品牌型店招

- **商品型店招**。商品型店招以商品导购为主。在进行店招视觉设计时，主要以商品信息的展示为主，如商品图片、商品价格和商品主要卖点等，以快速引导消费者进行商品的选购，如图 4-12 所示。

图4-12　商品型店招

4.2.2　导航的设计要点

导航是展示店铺商品的分类，以及引导店铺首页流量的主要模块。消费者单击导航条中的相关分类，就可以快速访问对应的页面。因此，商家要重视导航的设计，为消费者提供便利。

1. 导航的类型

导航主要分为横排与竖排两种类型，其中横排导航最为常见，是大多数商家选择的一种展示类型，如图 4-13 所示。设计横排导航时，要将主要信息放置在中间的"安全区域"中（对于宽为 1920 像素的导航，应在左右两侧各留出 485 像素的宽度，不放置任何内容），以适应不同浏览器的显示情况。

图4-13　横排导航

竖排导航一般与首页的全屏海报高度一致，其展示范围有限，常作为横排导航的补充，方便消费者进行浏览和跳转。图 4-14 所示的店铺首页同时设计了横排导航和竖排导航，横排导航主要用于展示商品的常规分类，竖排导航则展示主推商品分类，起到了对横排导航的细化和补充作用，适合商品类型较多的店铺。

图4-14 竖排导航

2. 导航的内容规划

导航的内容规划是指将店铺中所有的商品按照一定的标准进行分类，以方便消费者了解和查找店铺内所有商品，也可按照店铺当前经营目标和推广目标对导航内容进行规划，以配合主推商品的销售，将消费者引入相应的推广页面。

导航内容要尽量简单、直接。对于商品类型比较简单的店铺，其导航内容应尽量不设置二级子类目，以最直观的方式展示分类。设置二级子类目虽然可以很详细展示商品类型，但消费者在查看时还要通过鼠标逐层点击，这无形中给消费者设置了访问屏障，增加了操作的难度，使消费者访问页面的深度受到影响。对于店铺主推的销量、人气较高的商品，商家可以单独做一个商品集合页，并将其单独作为一个分类放在导航中。图 4-15 所示的女装店铺的导航，按照商品的主要类型规划了导航内容，另外设置了"23 秋冬新品"分类集中推广新品，方便消费者直接浏览。

图4-15 女装店铺的导航

当店铺商品种类较多，不方便消费者快速筛选时，可为导航设置二级子类目。比如，某家用电器店铺，按照"洗衣机""冰箱""空调""热水器"等商品类型对商品进行了常规划分，但这样的分类不方便消费者筛选所需功能、结构的商品，因此需要对其进行再次划分。图 4-16 所示的导航，其"冰箱"分类下的商品数量非常多，消费者点击"冰箱"进入分类页面后，难以快速找到自己所需的商品，因此它按照"冰箱门体结构""冰箱功能""适用人数"等对冰箱进行了二次分类。

图4-16　导航的二级子类目

3. 导航的设计原则

导航一般包括首页和其他分类栏目的导入链接，因此，在设计时需要清晰地反映店铺的核心经营内容，帮助消费者快速了解店铺的定位和主营业务。设计导航时，可遵循以下几个原则。

- 导航要与店招的风格和颜色相互呼应，保证视觉效果的统一。
- 导航的宽度有限，每个导航目的内容要简洁，不能过多，否则容易造成导航内容拥挤，不利于消费者查看。
- 导航中的文字颜色要与背景色形成对比，以方便消费者查看并点击对应的页面。

4.2.3　制作店招与导航

乐优纳官方旗舰店是一家售卖各种家用电器的店铺，以"专注生活健康、提倡节能环保"为经营理念。为体现本店特色和宣传主推商品，乐优纳官方旗舰店现需要设计首页，要求采用简洁、清爽的设计风格，以清爽的蓝色系为主色，采用规律式布局，以直接展示商品为主，突出该店铺家电商品的丰富性，同时在背景中添加简洁的装饰元素作为点缀，使店铺首页的视觉设计效果更丰富。

制作店招与导航

在设计该店的店招与导航时，主要展现店铺名称、关注按钮、服务保障及理念等内容，具体操作如下。

步骤01　新建大小为"1920像素×150像素"，分辨率为"72像素/英寸"的文件。

步骤02　制作店招。使用"矩形工具"在图像编辑区顶部绘制1个"1920像素×120像素"的矩形，设置填充颜色为"#9edafc"。

步骤03　选择"椭圆工具"，设置填充颜色为"#9edafc～#ffffff"，渐变角度为"90"，在蓝色矩形顶部绘制2个较大的半圆作为装饰；再在蓝色矩形底部绘制2个较小的正圆，修改这两个正圆的渐变角度为"-126"，效果如图4-17所示。

图4-17 绘制渐变正圆

步骤04 选择"圆角矩形工具" ⬜，设置填充颜色为"#ffffff"，圆角半径为"15"，在蓝色矩形左侧绘制1个白色圆角矩形。

步骤05 打开"店招图标.psd"素材（配套资源:\素材文件\第4章\店招图标.psd），将其中的全部图标移至店招中，并将其调整至合适大小和位置，效果如图4-18所示。

图4-18 添加图标

步骤06 使用"横排文字工具" T 输入并设置图4-19所示的店招文字和格式，最后创建"店招"图层组整理相关图层，完成店招的制作。

图4-19 输入并设置店招文字和格式

步骤07 制作导航。使用"矩形工具" ⬜ 在店招下方绘制1个"1920像素×30像素"的矩形，设置填充颜色为"#e5f2ff～#caebfd～#def4ff"，渐变角度为"90"，如图4-20所示。

图4-20 绘制渐变矩形

步骤08 使用"横排文字工具" T 输入图4-21所示的导航文字，最后创建"导航"图层组整理相关图层和图层组，完成导航的制作。

图4-21 输入导航文字

4.3 设计全屏海报

全屏海报一般位于导航的下方，是消费者进入店铺首页后首先映入眼帘的画面。全屏海报的视觉效果直接关系着相关商品的点击率。商家能否成功引导消费者进入其他主推商品或主要活动的页面，也与全屏海报的视觉效果息息相关。

4.3.1 全屏海报的视觉主题

全屏海报的视觉主题一般依据店铺近期的运营要求而定，如店铺近期是需要推广店内人气商品或新品，还是需要推广店内优惠活动等。一般来说，全屏海报主要有商品宣传、活动推广和品牌塑造3种主题。

- **商品宣传**。该主题的全屏海报主要是针对单一商品进行形象塑造，将商品的价格、外观、功能、特性等卖点传达给消费者，引起消费者的兴趣，引导消费者点击全屏海报进入商品详情页，深入了解商品类型。该主题全屏海报适合宣传刚上市的新品、店铺的热卖商品、店铺当季的主推商品。该主题全屏海报的视觉表现中心是商品，一般以简约的画面设计为主，常以大尺寸的画面来展示商品，并配以简单的文案进行说明，如图4-22所示。

图4-22　商品宣传主题的全屏海报

- **活动推广**。该主题的全屏海报主要是针对店铺活动进行推广，要求具备一定的视觉冲击力和活动氛围，传达营销活动的主题诉求，从而快速吸引消费者的注意力，如图4-23所示。

图4-23　活动推广主题的全屏海报

- **品牌塑造**。该主题的全屏海报主要针对品牌形象进行设计，视觉设计的重点是品牌的塑造和推广。在使用全屏海报进行品牌推广时，可以通过个性化的创意设计或品牌识别设计来提高品牌的认知度和影响力，加强消费者对品牌的印象，也可在消费者已经对品牌形成固定印象时，通过全屏海报对品牌信息进行展示，增强消费者对品牌的识别度，如图4-24所示。

图4-24　品牌塑造主题的全屏海报

4.3.2　全屏海报的构图方式

全屏海报是店铺首页中向消费者传递信息的重要板块，其构图方式直接影响着海报的视觉表现效果。常见的构图方式如下。

- **三角形构图**。三角形构图（见图4-25）是指将商品和重要信息摆放到一个三角形区域内。三角形构图可以让画面十分稳定，视觉中心突出，便于消费者快速获取信息。

图4-25　三角形构图

- **九宫格构图**。九宫格构图也称为"井"字构图，是将整体画面分成9格，并产生4个交叉点，交叉点位置即主体商品或主要信息的位置。九宫格式构图可以使画面看起来更加舒适灵活。图4-26所示为九宫格构图，主要文案、主要商品都处于九宫格的交叉点上。

图4-26　九宫格式构图

- **倾斜式构图**。倾斜式构图（见图 4-27）是指沿着画面中倾斜的线条进行构图，可以是倾斜的直线、曲线、折线。这种构图方式可以使画面更有立体感、延伸感和运动感，提高画面的表现力和活力。

图4-27　倾斜式构图

- **中心构图**。中心构图（见图 4-28）是指将商品主体放在画面中间进行构图。中心构图可以突出主体、平衡画面，且能快速吸引消费者的注意力。

图4-28　中心构图

- **水平构图**。水平构图（见图 4-29）是指将商品文案、商品图片、背景等元素均按照水平方向进行排列的构图方式。水平构图的画面整体呈水平走向，极具平衡感，也能延伸出空间感，这种构图十分适合横向的全屏海报设计。

图4-29　水平构图

- **垂直构图**。通常用于直立物体的构图设计，通过有秩序的垂直排列，与水平线保持稳定的夹角和力的均衡，形成视觉上的秩序感。垂直构图（见图 4-30）可以表现商品主体挺拔、纤长的特点。

图4-30　垂直构图

- **对称式构图**。对称式构图（见图 4-31）是指将商品主体进行对称排列，以达到视觉平衡效果的构图方式。对称式构图并非追求绝对对称，只要能体现视觉上的安定、均衡、协调、整齐就可以。
- **放射式构图**。放射式构图（见图 4-32）是指以商品主体为中心向四周扩散排列其他元素的构图方式，常用于需要突出商品主体而场面又较复杂的场合，具有很强的透视感，使画面更有视觉张力。
- **散点式构图**。散点式构图（见图 4-33）是指将商品主体分散成单独散点的构图方式，一般用于商品数量较多的构图设计中，可以形成商品数量丰富的视觉效果。

图4-31　对称式构图

图4-32　放射式构图

图4-33　散点式构图

4.3.3 制作全屏海报

乐优纳官方旗舰店准备开展初春大促活动，需要制作以活动推广为主题的店铺首页全屏海报。由于大部分主推家电较为高大、修长，商家准备采用垂直构图来设计背景图像，并纵向展现"初春大促""低至2折"的活动信息，具体操作如下。

制作全屏海报

步骤 01 选择"裁剪工具" ⬚，向下拖曳裁剪框底部，尽量多地延长画布高度，然后按【Enter】键确认。

步骤 02 打开"海报背景.psd"素材（配套资源:\素材文件\第4章\海报背景.psd），将其中的"背景"图层组添加到导航栏下方，如图4-34所示。

步骤 03 依次置入商品图片素材（配套资源:\素材文件\第4章\空调1.png、空调2.png、空调3.png、空气净化器1.png、空气净化器2.png、吊灯.png），调整其大小和位置。

步骤 04 选择"空调1"图层，选择【图层】/【图层样式】/【投影】命令，打开"图层样式"对话框，设置投影颜色为"#0a0a0a"，其他参数如图4-35所示，单击 确定 按钮。

图4-34 制作全屏海报背景

图4-35 设置投影

步骤 05 在"空调1"图层上单击鼠标右键，在弹出的快捷菜单中选择"复制图层样式"命令；选择"空调3"图层，在其上单击鼠标右键，在弹出的快捷菜单中选择"粘贴图层样式"命令。使用相同的方法，粘贴该图层样式到"空气净化器1"图层上，效果如图4-36所示。

图4-36 添加投影

步骤 06 分别使用"椭圆工具" ⬭、"矩形工具" ▭、"直线工具" ╱在吊灯左下方位置绘制标题的装饰形状，设置矩形框、斜线的颜色为"#3e3d35"，椭圆的填充颜色为"#eea02d"，矩形的填充颜色为"#3e3d35"，效果如图4-37所示。

步骤 07　选择矩形框所在图层，在"图层"面板底部单击"添加图层蒙版"按钮 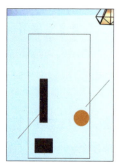，使用"橡皮擦工具" 擦除矩形框左右两边的部分图像，效果如图 4-38 所示。

图4-37　绘制装饰形状　　图4-38　调整装饰形状

步骤 08　选择矩形框所在图层，选择【图层】/【图层样式】/【投影】命令，打开"图层样式"对话框，设置投影颜色为"#0a0204"，其他参数如图 4-39 所示，单击 确定 按钮。将该图层效果粘贴到两个斜线图层上，效果如图 4-40 所示。

步骤 09　使用"横排文字工具" 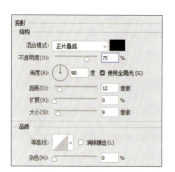在装饰形状中输入海报标题和促销文字，然后为海报标题添加"投影"图层样式，设置投影颜色为"#0a0204"，其他参数如图 4-41 所示，最终效果如图 4-42 所示。最后创建"全屏海报"图层组并整理相关图层。

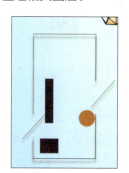

图4-39　为矩形框设置投影　　图4-40　装饰形状的投影效果　　图4-41　为海报标题设置投影

图4-42　全屏海报最终效果

4.4　设计优惠活动区

优惠活动区主要分为优惠券区和活动专区两个部分，用于展示店铺的优惠信息和活动信息。清晰突出的优惠信息可以有效吸引消费者的关注，促使消费者了解并参与活动。

4.4.1　优惠活动区的设计要点

优惠活动区通常位于全屏海报的下方，当消费者浏览完全屏海报中的信息后，继续向下滑动鼠标指针就会看到店铺内的优惠或活动信息。

1. 优惠券的内容设计

发放优惠券是一种十分常见的促销手段，也是店铺吸引消费者、提高客单价的一种有效策略，如图4-43所示。优惠券通常包含优惠券的使用范围、使用条件、发放时间、使用时间、使用限制和最终解释权等内容，以帮助消费者快速明确地了解优惠信息和优惠券的使用规则。

图4-43　优惠券设计

- **优惠券的使用范围**。即明确使用优惠券的范围，如是全店通用，还是仅限于特定单品、新品或某系列商品。

- **优惠券的使用条件**。即明确使用优惠券应该满足的条件，如全店实际消费满499元减30元，还是订单满499元便可减30元。该信息是优惠券的主要信息，通常需要进行醒目设计。

- **优惠券的发放时间**。优惠券的发放时间就是消费者领取优惠券的时间，一般在活动预热期间比较常见，如为"双11"活动预热时，平台限定早上10点、晚上10点领取优惠券。

- 优惠券的使用时间。如果店铺是短期推广，应当限定优惠券的使用日期，如设定有效期为 ×× 年 12 月 10 日到 ×× 年 12 月 15 日，这样可以让消费者产生过期浪费的心理，从而提高优惠券的使用率。
- 优惠券的使用限制。明确每位消费者可以领取的优惠券数量或其他使用限制条件，如"每个 ID 限用一张优惠券""不可与店内其他优惠券叠加使用"等，可以避免折上折的情况出现，合理控制营销成本。
- 优惠券的最终解释权。明确优惠券的最终解释权归本店所有，可以在一定程度上保护店铺的法律权利，以避免后期活动执行中出现不必要的纠纷。

> **📖 经验之谈**
>
> 　　优惠券的内容设计主要涉及以上几个方面的内容，但并不代表以上内容都必须显示在优惠券中，具体信息可以结合优惠活动区的空间进行展示，或者在优惠券下方利用小字进行提醒。

2. 优惠券的视觉设计

　　优惠券的视觉设计通常比较简洁直接，在与店铺首页整体设计风格相符的基础上，尽可能直观地展示优惠力度。其视觉设计一般遵循以下几个基本设计原则。

- 精简设计，不要添加任何与优惠内容无关的信息，避免与其他板块内的信息重复。
- 优惠券的优惠力度是决定消费者使用优惠券意愿的主要因素。因此，优惠力度的展示应在优惠券中占据最大的位置，以快速吸引消费者的注意力。
- 优惠券可以使用统一的模板，保证其视觉风格的统一，同时也可以使消费者的注意力放在主要的优惠信息上。

3. 活动专区的内容设计

　　活动专区通常位于店铺首页的优惠券板块下方，主要用于将参与同一活动的商品集合在一起，结合各种视觉营销手段引导消费者点击，然后进入促销活动页面浏览与选购商品。活动专区通常根据店铺的营销策略来进行设计，并体现以下几方面的内容。

- **活动主题**。通过简单直观的文案告诉消费者活动的主题，如赠品、会员折扣、半价等，以吸引对活动感兴趣的消费者的关注。
- **优惠情况**。活动专区应该直观地展示该活动带给消费者的具体利益点，即具体的优惠情况。活动优惠力度与消费者的购买行为直接相关，一般优惠力度越大，消费者的购买意愿越高。因此，商家在活动专区中要明确说明打折或让利的幅度。活动优惠力度可以结合具体营销策略及品牌定位来定，如很少进行打折活动的品牌，一般不会设置较大的优惠力度，因为频繁的低价折扣营销反而不利于品牌形象的维护。
- **活动时间**。端午、国庆、元旦、春节等节假日，"双 11""双 12"等电商大促节日都是店铺开展活动的高峰时期。此外，商家还可根据营销策略开展清仓、会员回馈等活动。不管是何时的活动，都应该在活动专区中说明活动时间、活动期限等。一般来说，活动时间不能太长，短期活动有利于营造活动紧迫感，刺激消费者快速做出购买决策。

- **活动规则**。根据营销策略设置相关的活动规则，包括优惠券使用规则、折扣规则、满减规则、抽奖规则等。

4. 活动专区的视觉设计

活动专区的视觉设计重点是传达活动信息，并结合活动商品图片、活动文案、促销价格等内容进行设计。

活动专区的视觉设计以店铺首页整体视觉定位为基准，同时依据具体的营销要求进行合理布局。如果某活动专区需要营造活动氛围，可以灵活运用各种设计元素打造营销视觉效果；如果某活动专区需要体现品牌的形象和格调，则可以使用具有明显特征的品牌元素，或使用符合品牌视觉识别规范的元素。

例如，图4-44所示的活动专区以红色为主色调，从而营造热烈的活动氛围。它不仅对活动时间、活动主题等进行了呈现，而且使用各种营销信息刺激消费者点击了解商品详情。

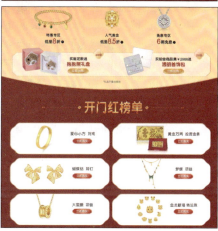

图4-44　活动专区设计

4.4.2 制作优惠活动区

制作优惠
活动区

乐优纳官方旗舰店首页的优惠活动区需要展现店铺各类优惠券，以及赠品，可先为优惠券设计统一的模板，规整地展现优惠券金额、使用条件和领券按钮等内容；然后，在下方设计赠品活动专区，突出展示赠品图片，以增添活动吸引力，具体操作如下。

步骤 01　使用"裁剪工具" 🔲 延长画布高度，并且选择"矩形工具" 🔲，设置填充颜色为"#f1f8fe"，在全屏海报下方绘制 1 个"1920 像素 ×767 像素"的矩形。

步骤 02　使用"矩形工具" 🔲 在矩形中央绘制填充颜色为"#d5effd"的矩形，然后在其中绘制 4 个等大的白色小矩形，再在其下方绘制 1 个较大的白色矩形，效果如图 4-45 所示。

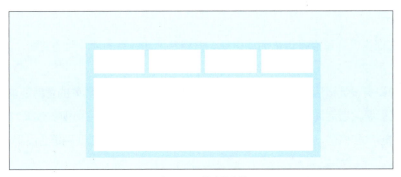

图4-45　绘制矩形

步骤 03　使用"横排文字工具" 🔲 在左侧的第 1 个小白色矩形中分别输入"5""元""无门槛使用""立即领取"文字，然后在"立即领取"文字周围绘制 1 个黑色矩形框。

步骤 04　选择"5"文字图层，选择【图层】/【图层样式】/【渐变叠加】命令，打开"图层样式"对话框，设置渐变颜色为"#1e6e9f ～ #5ca1cb"，其他参数如图 4-46 所示，单击 ⬭确定 按钮。将该图层样式粘贴到"元"图层上，效果如图 4-47 所示。

图4-46　设置渐变叠加

图4-47　粘贴图层样式

步骤 05　将第一张优惠券中的内容创建成图层组，将该图层组分别复制到右侧 3 个矩形中，并修改相应信息，效果如图 4-48 所示。

图4-48　优惠券效果

步骤 06　依次置入赠品图片素材（配套资源 :\ 素材文件 \ 第 4 章 \ 赠品 1.jpg、赠品 2.jpg、赠品 3.jpg ），并将其移至优惠券下方均匀分布排列，调整至合适大小，效果如图 4-49 所示。

图4-49　添加赠品图片

步骤 07　使用"直线工具" ✐在每张赠品图片之间绘制黑色竖线用以分隔，然后使用"横排文字工具" T.分别输入对应的赠品说明文字，如图 4-50 所示。

图4-50　绘制竖线和输入对应的赠品说明文字

步骤 08　使用"横排文字工具" T.在优惠券上方输入"领券购物更优惠"的标题文字，然后使用"弯度钢笔工具" ✐在标题右侧绘制波浪线进行装饰，再复制波浪线，并移至标题左侧。

步骤 09　复制"5"文字图层的图层样式，粘贴到标题文字和波浪线所在的图层上，最终效果如图 4-51 所示，最后创建"优惠活动区"图层组整理相关图层和图层组。

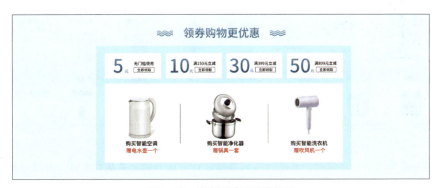

图4-51　优惠活动区最终效果

4.5 设计商品分类区

商品分类区也是对店铺商品进行分类的区域，其功能与导航类似，位于优惠活动区下方，但视觉上的引导效果更加直观。在店铺首页设置商品分类区是为了方便消费者领取优惠券后，选取符合自己需求的商品，一般在店铺商品种类比较丰富的情况下使用。

4.5.1 商品分类区的设计要点

商品分类区的内容设计比较自由，可以根据店铺商品属性而定，如按照店铺商品的固有属性、适用人群、使用场景等进行分类。例如，图4-52所示的珠宝店铺首页的商品分类区，按照珠宝佩戴位置、功能和材质进行了分类，方便消费者选择。

图4-52 珠宝店铺首页的商品分类区

在设计店铺首页的商品分类区时，可以按照以下原则进行设计，以提高信息的展示效率和消费者的浏览体验。

· 商品分类时应该根据主次关系，将主推的商品放在页面的前端展示，其他商品则靠后展示，如图4-53所示。

图4-53 突出重点的商品分类区设计

· 当商品分类涉及多个层级时，尽量为不同层级设计有区别的分类展现方式，如通过模块大小、文字颜色、位置、图文排版等方式，来体现商品分类类别的层级，如图4-54所示。

图4-54　多层级的商品分类区设计

- 统一商品的展示风格，通过整洁、简单的布局带给消费者轻松、舒适的视觉体验。
- 每个类别的模块应该界限清晰，描述清晰，便于消费者快速区分。
- 在一横排中，不宜展示过多的分类商品，避免过多的商品信息带来不好的浏览体验。
- 一成不变的排版方式和信息分类方式容易形成死板的视觉体验，造成消费者的审美疲劳。因此，可以在整齐、统一的基础上调整商品分类区的排版方式，以增加视觉展现的节奏感。

4.5.2　制作商品分类区

　　根据乐优纳官方旗舰店首页导航中的商品类别，在商品分类区中以图片形式更加生动、直观地展现商品分类。此外，还可制作"全国联保""赠运费险"等标签，展示商品服务，具体操作如下。

制作商品
分类区

　　步骤01　使用"裁剪工具"🔲延长画布高度，选择"矩形工具"🔲，设置填充颜色为"#f1f8fe"，在优惠活动区下方绘制1个"1920像素×470像素"的矩形。再使用"矩形工具"🔲在矩形中央绘制1个较大的白色长方形。

　　步骤02　使用"横排文字工具"🔲在白色矩形左上角输入"家电商品分类""PRODUCT CATEGORIES"文字，在中英文之间使用"矩形工具"🔲绘制1个黑色小矩形，如图4-55所示。

　　步骤03　选择"圆角矩形工具"🔲，设置填充颜色为"#eeeeee"，圆角半径为"10像素"，在标题右侧绘制1个较高的圆角矩形。

　　步骤04　打开"各类家电.psd"素材（配套资源:\素材文件\第4章\各类家电.psd），将其中的冰箱图片移到圆角矩形中，并将其调整至合适大小。

步骤 05 使用"横排文字工具" T.在冰箱图片下方输入冰箱的中英文，在中英文之间使用"矩形工具" 🔲 绘制 1 个黑色小矩形，效果如图 4-56 所示。

图4-55 制作标题

图4-56 制作冰箱类别

步骤 06 将冰箱类别的所有内容创建为图层组，复制 4 个图层组到右侧，并修改其中的类别图片和文字，效果如图 4-57 所示。

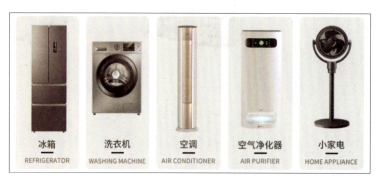

图4-57 制作其他商品类别

步骤 07 使用"矩形工具" 🔲 在白色矩形左下角绘制 1 个黑色矩形框，在矩形框内部右侧输入"·全国联保"文字。

步骤 08 在矩形框左侧绘制 1 个填充颜色为"#ee6741"的小矩形，选择小矩形，在"属性"面板中将右上角圆角半径、右下角圆角半径均修改为"10像素"，然后在小矩形中输入"全店"文字，效果如图 4-58 所示。

步骤 09 将标签的所有内容创建为图层组，复制 1 个图层组到下方，将"·全国联保"文字修改为"·赠运费险"文字，最后创建"商品分类区"图层组整理相关图层和图层组，最终效果如图 4-59 所示。

图4-58 制作标签

图4-59 商品分类区最终效果

4.6　设计商品促销展示区

商品促销展示区可展示当前店铺内的促销商品、主推商品和热销商品，该区域具有较强的吸引力，能持续引流，带动商品的销量增长。

4.6.1　商品促销展示区的设计要点

在制作商品促销展示区时，为了吸引消费者的眼球，通常需要先展示主推商品板块，然后再展示其他的商品，如图4-60所示。在展示商品的过程中，要配合商品的名称、图片和价格等信息让消费者了解商品。在设计商品促销展示区时，可按照以下原则进行设计。

图4-60　商品促销展示区设计

- 商品促销展示区中每一个商品的名称要正确、清楚，不能过于复杂或过于简单，要体现商品名字和特点。设置完后，可在搜索栏中尝试搜索，然后及时修正。
- 商品促销展示区中每一个商品的展示要能够达到吸引消费者点击的作用，在设计时除了保证商品图片的视觉美观度，还可以选择临近下架时间的商品，因为临近下架时间的商品会获得电商平台的优先展示机会，有一定的概率让消费者优先查看。但要注意，商品下架应及时处理，避免出现空位。
- 商品价格显示效果要醒目，一般使用突出的颜色或适当放大处理，便于消费者查看。

4.6.2　制作商品促销展示区

制作商品促销展示区

乐优纳官方旗舰店首页的商品促销展示区主要分为热销榜单和折扣区两部分。其中，热销榜单展示全店销量前三名的商品，并在每个热销商品模块中突出商品卖点和优惠价格等信息；折扣区主要展示一些有折扣的小家电，每个商品模块须包含商品图片、名称、价格、购买按钮等，具体操作如下。

步骤 01　使用"裁剪工具" 🔲 延长画布高度，将之前制作的"领券购物更优惠"标题文字及其两侧的波浪形状复制到商品分类区下方，将这 3 个图层"渐变叠加"图层样式的渐变颜色修改为"#e5be46 ~ #edda9e ~ #ecb85d"，并修改标题文字内容为"热销榜单"。

步骤 02　选择"圆角矩形工具" 🔲，设置填充颜色为"#f1f8fe"，圆角半径为"10 像素"，在标题文字下方绘制 1 个较大的圆角矩形；设置描边为"#21835b"，描边宽度为"2 像素"，圆角半径为"10 像素"，在圆角矩形右侧绘制 1 个圆角矩形线框；设置填充颜色为"#edd99c ~ #f2e3b8"，描边颜色为"#f0d498"，描边宽度为"2 像素"，圆角半径为"10 像素"，在圆角矩形线框下方绘制 1 个渐变圆角矩形；设置填充颜色为"#ec4342"，在渐变圆角矩形右侧绘制 1 个较小的圆角正方形，效果如图 4-61 所示。

步骤 03　选择圆角矩形线框图层，选择【图层】/【图层样式】/【投影】命令，打开"图层样式"对话框，设置投影颜色为"#2d6562"，其他参数如图 4-62 所示，单击 确定 按钮。

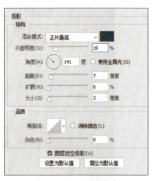

图4-61　绘制圆角矩形　　　　　　　　　　　图4-62　设置投影

步骤 04　置入"展示台 .png"素材（配套资源 :\ 素材文件 \ 第 4 章 \ 展示台 .png），放置到圆角矩形线框左侧。打开"热销商品 .psd"素材（配套资源 :\ 素材文件 \ 第 4 章 \ 热销商品 .psd），将其中的洗衣机图片添加到展示台上方。置入"金冠 .png"素材（配套资源 :\ 素材文件 \ 第 4 章 \ 金冠 .png），放置到淡蓝色圆角矩形的左上角。

步骤 05　使用"横排文字工具" 🔲 输入图 4-63 所示的文字，完成第 1 个热销商品模块的制作。

图4-63　第一个热销商品模块

步骤 06 将第 1 个热销商品模块的所有内容创建为图层组，复制 2 个图层组到下方，修改其中的布局、商品图片、文字内容。

步骤 07 置入"绿叶 .png"素材（配套资源 :\素材文件 \ 第 4 章 \ 绿叶 .png），将素材放置到热销榜单左上角作为装饰，调整素材的大小。复制 3 次"绿叶装饰"图层，分别通过【编辑】/【变换】/【水平翻转】命令和【编辑】/【变换】/【垂直翻转】命令，在热销榜单右上角、右下角、左下角各放置 1 个绿叶，效果如图 4-64 所示，至此，完成热销榜单的制作。创建"热销榜单"图层组，将该榜单涉及的图层和图层组归置其中。

图4-64 热销榜单效果

步骤 08 将之前制作的"领券购物更优惠"标题文字及其两侧的波浪形状复制到热销榜单下方，并修改标题文字内容为"精选好物大折扣"。

步骤 09 选择"矩形工具" ▢，设置填充颜色为"#f1f8fe"，在热销榜单下方绘制 1 个"1920 像素 ×1408 像素"的背景矩形，再在标题左下方绘制 1 个白色矩形。

步骤 10 选择"圆角矩形工具" ▢，设置填充颜色为"#fafafa"，圆角半径为"10 像素"，在白色矩形内部上方绘制 1 个圆角矩形；设置填充颜色为"#edd99c ～ #f2e3b8"，描边颜色为"#f0d498"，描边宽度为"2 像素"，圆角半径为"10 像素"，在圆角矩形下方绘制 1 个渐变圆角矩形，效果如图 4-65 所示。

步骤 11 打开"折扣商品 .psd"素材（配套资源 :\素材文件 \ 第 4 章 \ 折扣商品 .psd），将其中的电磁炉图片添加到白色矩形上方的圆角矩形上，按【Alt+Ctrl+G】组合键，将电磁炉图片创建为该圆角矩形的剪贴蒙版。

步骤 12 使用"横排文字工具" T 输入图 4-66 所示的文字，完成第 1 个折扣商品模块的制作。

步骤 13 将第 1 个折扣商品模块的所有内容创建为图层组，复制 5 个图层组到右侧和下方，修改其中的商品图文内容，最终效果如图 4-67 所示。创建"折扣区"图层组，将该区涉及到的图层和图层组归置其中。

图4-65　绘制圆角矩形　　图4-66　输入文字　　　　　　图4-67　折扣区效果

4.7　设计页尾

　　页尾的内容设计比较灵活，可以包括店铺底部导航，返回顶部的文字或按钮，收藏店铺、分享店铺的链接，客服服务的信息，温馨提示，品牌信息等内容。精心设计的页尾可以展示品牌形象、提升用户体验，且有助于吸引潜在客户。

4.7.1　页尾的设计要点

　　页尾视觉设计与其他板块一样，都建立在遵循店铺首页设计风格和主题的基础上，页尾的内容设计则可以根据实际情况添加相关引导文案。

- 在页面底部添加导航，可以增加消费者再次浏览分类页面的概率，进一步增强消费者对商品品类的印象。
- 当店铺首页内容较多时，可添加返回顶部的文字或按钮，如图4-68所示，帮助消费者快速跳转到页面顶部，以重新浏览感兴趣的区域。

图4-68　在页尾添加返回顶部的文字或按钮

- 在页尾添加收藏与分享店铺的链接，可以方便消费者快速收藏或分享店铺，以尽量留住消费者。
- 在页尾中可通过文字和图标向消费者展示客服服务的时间、接待人员等信息，以引导消费者咨询客服，解决购物中遇到的问题。

- 在页尾中添加发货须知、色差、退换货、快递和购物流程等温馨提示，可以帮助消费者快速了解相关信息，提高自主下单率。
- 在页尾展示品牌信息可以在一定程度上打消消费者对品牌或商品的顾虑，提高对品牌的信任度，也有利于店铺进一步传播品牌形象。图4-69所示的页尾设计，着重展示了品牌信息，并添加了服务承诺、客服信息等内容，增强消费者的信任感和好感。

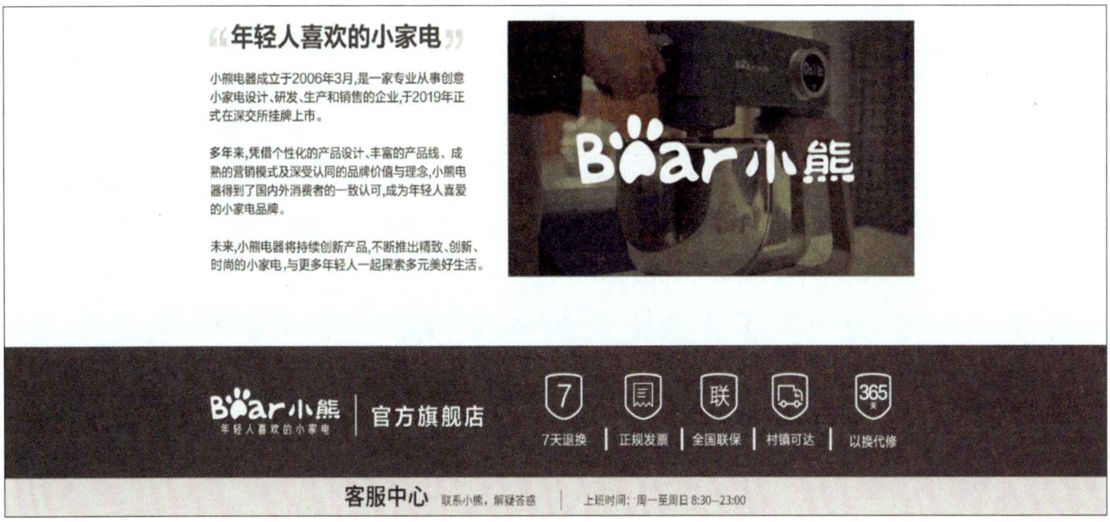

图4-69　在页尾展示品牌信息

4.7.2　制作页尾

乐优纳官方旗舰店的页尾以建立品牌形象为核心，展示客服服务和品牌信息，并通过商品图片直观地反映品牌形象，以增加消费者对品牌的好感度和信任感，具体操作如下。

制作页尾

步骤 01　使用"裁剪工具" 延长画布高度，选择"矩形工具" ，设置填充颜色为"#f1f8fe ～ #ffffff ～ #f1f8fe"，在商品促销展示区下方绘制1个"1920像素×536像素"的矩形。

步骤 02　置入"家电背景.jpg"素材（配套资源:\素材文件\第4章\家电背景.jpg），将其移至矩形下方，并调整至合适大小。

步骤 03　选择"家电背景"图层，选择【图层】/【图层样式】/【渐变叠加】命令，打开"图层样式"对话框，双击渐变条，打开"渐变编辑器"对话框，渐变条下方的色标为颜色色标，设置渐变条下方的左右两端的色标均为"#f1f8fe"。渐变条上方的色标为不透明度色标，设置左侧不透明度色标的不透明度为"100%"，位置为"11%"；设置右侧不透明度色标的不透明度为"100%"，位置为"97%"；在渐变条上方单击以添加不透明度色标，设置该色标的不透明度为"56%"，位置为"64%"，如图4-70所示，单击 确定 按钮关闭"渐变编辑器"对话框。

步骤 04　回到"图层样式"对话框，其他参数的设置如图4-71所示，单击 确定 按钮，添加图层样式的前后效果对比如图4-72所示。

图4-70　设置色标

图4-71　设置渐变叠加

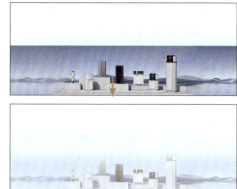

图4-72　添加图层样式的前后效果对比

步骤 05　使用"横排文字工具" T.在页尾区域顶部输入品牌介绍信息，并对其中的关键词通过放大、更改色彩、更改字体等方式进行突出显示。

步骤 06　打开"服务图标 .psd"素材（配套资源 :\ 素材文件 \ 第 4 章 \ 服务图标 .psd），将其中的图层组添加到品牌介绍信息下方，然后使用"横排文字工具" T.在图标下方输入对应的服务名称文字。

步骤 07　选择"矩形工具" □.，设置填充颜色为"#92a2b0"，在页尾区域底部绘制 1 个"1920像素 ×59 像素"的矩形，在"图层"面板顶部设置该长方形图层的不透明度为"22%"。

步骤 08　使用"横排文字工具" T.在矩形中输入客服服务信息，最终效果如图 4-73 所示，创建"页尾"图层组，将页尾涉及的图层和图层组归置其中。最后保存文件（配套资源 :\ 效果文件 \ 第 4 章 \ 家电店铺首页 .psd）。

家电店铺首页
展示效果

图4-73　页尾最终效果

4.8　设计移动端店铺首页

　　智能移动设备的普及和发展，已经将电商带入了移动交易的时代。随着越来越多的消费者加入移动购物的行列，移动端店铺逐渐成为商家运营的主要阵地，移动端店铺的视觉装修也就成了电商视觉营销的重中之重。商家必须重视移动端店铺的视觉营销设计，以满足消费者的移动购物需求，并为其提供更完善的购物服务。

4.8.1 移动端店铺首页的框架布局

根据移动端消费者的浏览特点，移动端店铺首页的展示内容通常比较精简，主要包括店招、首屏焦点图、优惠活动区、商品分类区、商品列表区等部分，以及其他具有移动端特点的功能板块。

1. 店招

与 PC 端的店招相比，移动端店铺店招的视觉设计更加简洁。大部分移动端店铺通常直接使用一张图片作为店招的背景底图，如模特图、品牌色、简单的背景底色和文案图等，如图 4-74 所示。

图4-74 移动端店铺的店招

在选择背景底图时，需要注意图片应与店铺有直接或间接的关联，如在使用模特图作为背景底图时，模特的形象和姿态应能体现店铺风格，同时说明店铺的主营商品；将品牌色用于背景底图时，应能强化品牌的识别效果，加深消费者对品牌的印象；使用简单的背景底色和文案图作为背景底图时，应能展示品牌文化和内涵，或展示店铺内的最新活动、优惠等信息。注意在设计移动端店招时，如果需要通过店招传达重要信息，则该信息尽量不要被店铺名称遮挡。

2. 首屏焦点图

首屏焦点图又称首焦图，与 PC 端店铺首页的全屏海报一样，移动端店铺首页同样需要通过焦点图来快速聚焦消费者的视线，展示店铺的最新动态或活动信息，以吸引消费者继续浏览页面。商家可以直接在 PC 端全屏海报的基础上进行元素重构，按照移动端设备的显示特点重新排版各元素，突出显示重要信息。图 4-75 所示的移动端店铺首屏焦点图与其 PC 端的类似，但采用了竖版设计结构，以便消费者在移动端浏览。

图4-75 PC端店铺首页的全屏海报和移动端店铺首页的首屏焦点图

与 PC 端的全屏海报相比，移动端店铺的首屏焦点图为了适应移动设备的屏幕显示特点，其宽度更窄。因此，首焦图两侧的留白较少，主要以商品和文案展示为主。在构图上，也由左文右图变成了上文下图的形式，这种形式可以让首屏焦点图占满移动端页面的第一屏，并在准确传递信息的基础上，以更突出的视觉冲击力吸引消费者注意力。

3. 优惠活动区

当消费者被首屏焦点图吸引后，继续往下浏览就可以看到包含店铺优惠信息和店铺活动信息的优惠活动区。优惠券和活动是刺激消费者继续浏览页面和购买商品的重要组成部分，也是移动端店铺首页视觉设计的主要对象之一。

活动信息通常是商家希望被消费者首先获知的信息，也是吸引消费者继续浏览、点击购买的重要信息，其视觉设计与 PC 端活动区类似，图 4-76 所示的移动端优惠活动区，设计风格、排版等与 PC 端优惠活动区保持了一致。

图4-76　PC端店铺首页的优惠活动区和移动端店铺首页的优惠活动区

移动端店铺的优惠券设计方法与 PC 端类似，主要突出优惠面额，且一排中优惠券的数量不宜超过 4 个，以避免图片过度压缩，影响消费者阅读。移动端的优惠券视觉设计也可在 PC 端优惠券视觉设计的基础上进行合理重构。

4. 商品分类区

与 PC 端店铺首页相似，移动端的商品分类区也旨在展示店铺商品的主要类型，并精准、快速地将消费者引导至相关分类页面。商品分类区的视觉设计可以与 PC 端保持统一，但排版应适合移动端的屏幕显示特点，以便消费者查看和点击。图 4-77 所示的移动端店铺首页的商品分类区就与 PC 端店铺首页的商品分类区视觉设计元素基本相同，但在排列布局上有所调整，使其更符合移动端消费者的浏览需求。

此外，为了方便消费者选择和跳转，很多店铺会在移动端店铺首页设计悬浮式的分类模块，这样无论消费者浏览至页面什么位置，都可进行分类选择和跳转。

图4-77　PC端店铺首页的商品分类区和移动端店铺首页的商品分类区

5. 商品列表区

商品列表区是移动端店铺首页的主要板块，一般通过精心设计的商品图片、商品标题、商品价格等信息展示店内主推商品、热销商品等，以吸引消费者点击和购买。图 4-78 所示为某品牌 PC 端店铺首页商品列表区和移动端店铺首页的商品列表区，比较后可以发现，移动端商品列表区的描述性文案字体更大、内容更简洁，更方便消费者获取重要信息。

图4-78　PC端店铺首页的商品列表区和移动端店铺首页的商品列表区

合理的商品陈列方式可以增加商品的曝光率与流量，而且在保持美观的基础上也更便于消费者浏览。因此，移动端店铺首页的商品列表区很少使用多个商品并排展示的情况，一般以一排一列、二列或三列的方式进行灵活布局，此外也可通过左右滑动的方式排列，以展示更多商品。

6. 其他具有移动端特点的功能模块

基于移动端设备的电商运营具有信息及时、实时互动等特点。各大电商平台为了帮助商家更好地管理客户关系、提高转化和销量，开发了很多具有即时通信特点的首页模块。商家可以根据当前阶段的运营目标，添加淘宝直播、淘宝购物群、加入会员、关注店铺、买家秀、买家评论等可以吸引消费者注意力，具有较大引流能力，或有利于维护消费者关系的模块到店铺首页顶端。这样有助于提高相关商品的转化率，维护消费者关系，培养消费者对商品、品牌的忠诚度。图 4-79 所示为在顶端添加直播回放、官方立减、买家秀和淘宝群聊等模块的店铺首页。

图4-79　移动端店铺首页的其他模块

与 PC 端相比，移动端店铺首页的模块设计更具个性化，商家可以根据运营需求进行调整。但需注意这类模块不应占据较大版面，大部分消费者进入店铺首页最希望了解的信息还是优惠、活动和商品信息。

4.8.2　移动端店铺首页的设计要点

由于目前大多数店铺的流量和订单来自移动端，因此移动端首页的视觉设计变得尤为重要。在设计移动端店铺首页时，通常需注意以下 4 点。

- **注重感官的舒适性**。从消费者的购物习惯出发，图片的清晰度和大小都要适应移动设备的尺寸，以大图为主，文字表述清晰明确，搭配合适的颜色，给消费者舒适的视觉体验。
- **合理控制页面的长度**。由于移动设备显示屏幕狭长，消费者一般按照自上而下的顺序浏览，而且页面信息不宜过多，一般要控制在 6 屏以内。
- **把握页面整体内容**。网店的整体内容与设计风格要与目标消费者的特点相匹配，符合消费者的视觉审美。页面整体内容要便于消费者识别、读取和点击。
- **与 PC 端的视觉统一**。移动端的内容要与 PC 端的内容相互呼应，以提高品牌的关联性，确保在不同设备上的消费者都能获得一致的视觉体验。

制作移动端店铺首页

4.8.3　制作移动端店铺首页

店招由于是固定板块，只需要更换背景即可，这里不再赘述。下面以乐优纳官方旗舰店为例设计移动端店铺首页，其中，首屏焦点图为轮播海报形式，主要宣传新品空调和新品洗衣机；其他板块可依据 PC 端店铺首页设计进行尺寸和布局调整，使其更适合移动端消费者浏览，具体操作如下。

步骤 01　新建大小为"1200 像素 ×9820 像素"，分辨率为"72 像素 / 英寸"，名称为"移动端家电店铺首页"的文件。

步骤 02　先制作第 1 张新品宣传的轮播海报，选择"矩形工具" ▣，设置填充颜色为"#a9dff5 ～ #7bb5d4"，渐变样式为"径向"，在顶部绘制 1 个"1200 像素 ×1467 像素"的矩形。

步骤 03　打开"空调场景 .psd"素材（配套资源 :\ 素材文件 \ 第 4 章 \ 空调场景 .psd），将"组 3"图层组拖入轮播海报中，并布局组内素材。置入"新品空调 .png"素材（配套资源 :\ 素材文件 \ 第 4 章 \ 新品空调 .png），将其放到场景右侧，并调整至合适大小，效果如图 4-80 所示。

图4-80　制作背景并添加商品

移动端店铺首页的首屏焦点图有轮播海报和单图海报两种形式。轮播海报的宽度为1200像素，高度为600像素～ 2000像素，一般用于宣传店铺活动、商品、店铺形象等，移动端店铺首页最多可以添加4张轮播海报。单图海报的宽度为1200像素，高度为120像素～ 2000像素，一般用于展现单个商品、宣传形象等，移动端店铺首页最多添加1张单图海报。

步骤 04　设置前景色为"#020202"，在空调素材所在图层下方新建图层，选择"画笔工具" ✎，设置画笔样式为"柔边圆"，在空调底部绘制阴影，然后设置该阴影图层的不透明度为"36%"。

步骤 05　为了让空调更有吸引力和科技感，更直观地展现空调风力，依次置入相关的装饰素材（配套资源 :\ 素材文件 \ 第 4 章 \ 光线 .png、风 .png、叶子 .png），设置风素材所在图层的不透明度为"64%"，效果如图 4-81 所示。

步骤 06　使用"横排文字工具" T.在空调左侧输入标题和卖点文字，并使用"圆角矩形工具" ▢.分别为卖点文字绘制白色圆角矩形线框作为装饰。

步骤 07　选择标题文字，选择【图层】/【图层样式】/【投影】命令，打开"图层样式"对话框，设置投影颜色为"#003b78"，其他参数如图 4-82 所示，单击 确定 按钮，效果如图 4-83 所示。

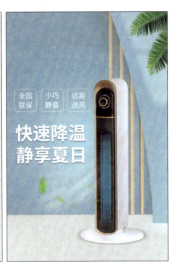

图4-81　添加装饰素材　　　　图4-82　设置投影　　　　图4-83　标题文字投影效果

步骤 08　打开"新品标签 1.psd"素材（配套资源:\素材文件\第 4 章\新品标签 1.psd），将"05"图层组拖入轮播海报中，并布局组内素材，使标签位于空调左上方，将其中的文字分别修改为"新品""直降:""2889"，效果如图 4-84 所示。至此，完成第 1 张轮播海报的制作。

步骤 09　将第 1 张轮播海报的所有图层创建为"空调"图层组，隐藏该图层组，接下来制作第 2 张新品宣传轮播海报。使用与步骤 02 至步骤 05 相同的方法，制作以绿色为主色调的洗衣机场景，并装饰洗衣机图像（配套资源:\素材文件\第 4 章\洗衣机场景 .psd、新品洗衣机 .png、光环 .png），效果如图 4-85 所示。

图4-84　新品标签效果　　　　图4-85　制作洗衣机场景并装饰洗衣机图像

步骤 10　使用"横排文字工具"，输入图 4-86 所示的文字，选择其中任意一个文字图层，选择【图层】/【图层样式】/【渐变叠加】命令，打开"图层样式"对话框，设置渐变颜色为"#ffe1b8～#fff7e5"，其他参数如图 4-87 所示。

图4-86　输入海报文字

图4-87　设置渐变叠加

步骤 11　单击选中"投影"复选框，设置投影颜色为"#00483a"，其他参数如图 4-88 所示，单击 确定 按钮。将文字图层的图层样式粘贴到其他文字图层上，效果如图 4-89 所示。

图4-88　设置投影

图4-89　为文字应用图层样式效果

步骤 12　选择"圆角矩形工具" ▣，设置描边为"#ffe9c8"，描边宽度为"2 像素"，圆角半径为"22 像素"，在"10kg 变频滚筒洗衣机"文字上绘制 1 个圆角矩形。

步骤 13　打开"洗衣机卖点图标 .psd"素材（配套资源 :\素材文件 \第 4 章 \洗衣机卖点图标 .psd），将其中的图标分别拖曳到卖点文字上方，并将文字图层的图层样式粘贴到每个图标上。

步骤 14　使用"直线工具" ✎在 3 个图标之间绘制 2 条颜色为"#ffe9c8"的竖线，效果如图 4-90 所示。

步骤 15　打开"新品标签 2.psd"素材（配套资源 :\素材文件 \第 4 章 \新品标签 2.psd），将"10"图层组拖入轮播海报中，并布局组内素材，使标签位于洗衣机右下方，将其中的文字分别修改为"新品上市""1699"，效果如图 4-91 所示。将第 2 张轮播海报的所有图层创建为"洗衣机"图层组，完成第 2 张轮播海报的制作。

图4-90 绘制竖线

图4-91 制作新品标签

步骤 16 下面制作优惠活动区。将"家电店铺首页 .psd"效果文件中的"优惠活动区"图层组复制到移动端文件中，调整各图层的位置和大小，可将优惠券调整为 2 列并排，并放大赠品图文，效果如图 4-92 所示。

步骤 17 下面制作商品分类区。将"家电店铺首页 .psd"效果文件中的"商品分类区"图层组复制到移动端文件中，调整各图层的位置和大小，如图 4-93 所示，准备制作可以左右滑动查看的商品分类区。

步骤 18 使用"椭圆工具" 在冰箱类别模块左侧绘制填充颜色为"#eeeeee"的正圆，然后使用"钢笔工具" 在正圆上绘制 1 个白色三角形，提示消费者可以向左滑动查看更多商品类别。

步骤 19 选择"圆角矩形工具" ，设置填充颜色为"#ffffff"，描边颜色为"#ced9e3"，描边宽度为"2 像素"，圆角半径为"12.53 像素"，在商品类别下方绘制 1 个较长的圆角矩形。再在该圆角矩形左端绘制 1 个较短的圆角矩形，设置填充颜色为"#eeeeee"，取消描边。

步骤 20 选择较长的圆角矩形，选择【图层】/【图层样式】/【内阴影】命令，打开"图层样式"对话框，设置内阴影颜色为"#ced9e3"，其他参数如图 4-94 所示，单击 确定 按钮。

图4-92 优惠活动区效果

图4-93 布局商品分类区

图4-94 设置内阴影

步骤 21 选择较短的圆角矩形，选择【图层】/【图层样式】/【斜面和浮雕】命令，打开"图层样式"对话框，设置高光颜色为"#ffffff"，阴影颜色为"#000000"，其他参数如图 4-95 所示，单击 确定 按钮，效果如图 4-96 所示，完成商品分类区的制作。

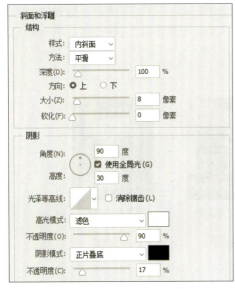

图4-95 设置斜面和浮雕

图4-96 商品分类区效果

步骤 22 下面制作热销榜单。将"家电店铺首页.psd"效果文件中的"热销榜单"图层组复制到移动端文件中，调整各图层的位置和大小，可删掉绿叶装饰，让画面变得更简洁，放大商品模块，效果如图 4-97 所示。

图4-97 热销榜单效果

步骤 23　下面制作折扣区。将"家电店铺首页 .psd"效果文件中的"折扣区"图层组复制到移动端文件中，调整各图层的位置和大小，可将商品模块调整为 2 列并排，效果如图 4-98 所示。

步骤 24　下面制作页尾。将"家电店铺首页 .psd"效果文件中的"页尾"图层组复制到移动端文件中，调整各图层的位置和大小，由于移动端页尾宽度较短，因此可删掉长文本内容，放大服务图标，凸显品牌特点，效果如图 4-99 所示，最后保存文件（配套资源 :\ 效果文件 \ 第 4 章 \ 移动端家电店铺首页 .psd）。

图4-98　折扣区效果

图4-99　页尾效果

移动端店铺
首页展示效果

课堂实训——设计家纺店铺首页

实训目标

"简吉"家纺是一家主营毛巾、一次性用品、床上用品等商品的店铺，现需设计 PC 端店铺首页。其中，店招和导航设计要在常规信息的基础上添加热卖商品信息；全屏海报设计要求以新品毛巾的宣传为出发点，凸显新品的卖点和外观，画面美观、简洁；在全屏海报的下方沿用店招的颜色制作优惠活动区，并罗列不同面值的优惠券；在设计商品促销展示区时，将其分为主推商品区和热卖商品区两部分，主推商品区采用单排的方式展现，热卖商品区则将 6 个商品以连排方式展示两排，参考效果如图 4-100 所示。

图4-100　家纺店铺首页的效果

【素材位置】配套资源 :\ 素材文件 \ 第 4 章 \ "家纺店铺" 文件夹

【效果位置】配套资源 :\ 效果文件 \ 第 4 章 \ 家纺店铺首页 .psd

实训思路

步骤 01　新建文件，在店招左侧添加"标志 .psd"素材，然后在右侧输入宣传标语，制作热卖商品毛巾模块和"5 元"优惠券模块，针对"立即购买"按钮和优惠券金额还可添加"渐变叠加"图层样式进行强调。

步骤 02　运用"矩形工具"■在店招下方绘制"1920 像素 ×30 像素"的矩形作为导航背景，然后输入分类信息文字。

步骤 03　接下来制作全屏海报，在导航下方绘制"1920 像素 ×800 像素"的蓝色矩形。置入"云层背景 .png"素材，在"图层"面板中设置不透明度为"80%"，将其创建为蓝色矩形的剪贴蒙版，为其设置与蓝色矩形颜色相似的"颜色叠加"图层样式。

步骤 04　将"海报商品 .png"素材放到全屏海报右侧，并将其创建为蓝色矩形的剪贴蒙版，为其添加"投影"图层样式，然后在全屏海报左侧输入该商品的名称、卖点、价格信息。

步骤 05　使用"圆角矩形工具"■在商品信息下方绘制一个红色圆角矩形，再输入"立即购买"文字，在该文字右侧添加"箭头 .psd"素材，完成"立即购买"按钮的制作。

步骤 06　接下来制作优惠活动区，先在全屏海报下方输入该板块的标题，在标题左下方使用"圆角矩形工具"■绘制第一张优惠券的外形，在第 1 张优惠券底部使用"矩形工具"■绘制 1 个蓝色矩形。

步骤 07　在优惠券外形中输入优惠券金额和使用条件，注意将金额数字放大显示，然后在蓝色矩形中输入"点击领取"文字。

步骤 08　将第一张优惠券创建为图层组，将该图层组复制 3 个到右侧，修改金额和使用条件，制作出其他 3 张优惠券。使用"矩形工具" 在所有优惠券的最右侧、最左侧各绘制 1 个蓝色长方形，用以装饰。

步骤 09　接下来制作商品促销展示区的主推商品区，先使用"矩形工具" 绘制多个浅灰矩形，用以确定该板块布局。然后依次添加商品图片到矩形上，创建剪贴蒙版。

步骤 10　输入每个商品的介绍文字，并结合"圆角矩形工具" 制作"立即查看"按钮，结合"矩形工具" 绘制橘红色的装饰横线，用以强调关键卖点。

步骤 11　制作热卖商品区时，可先制作 1 个热卖商品模块，然后采用复制并修改图层组的方式，完成其他商品模块的制作，以提高工作效率，最后保存文件。

课后练习

练习1　设计PC端生鲜店铺首页

"鲜汁味鲜"生鲜店铺计划重新设计 PC 端店铺首页，要求新的效果具备春天的清新、自然、和谐之感，整个首页布局要包括店招、全屏海报、优惠活动区、商品推荐区等板块，参考效果如图 4-101 所示。

图4-101　PC端生鲜店铺首页参考效果

【素材位置】配套资源:\素材文件\第 4 章\"生鲜店铺"文件夹

【效果位置】配套资源:\效果文件\第 4 章\PC 端生鲜店铺首页 .psd

练习2　设计移动端家具店铺首页

"特屿森"是一家销售实木和新疆棉制品的家居类旗舰店。为了向消费者传达保护大自然、呵护树木的品牌理念，准备进行以绿色为主色调的移动端店铺首页设计，要求按照轮播海报、优惠活动区、商品分类区、商品展示区的顺序制作，参考效果如图 4-102 所示。

图4-102 移动端家具店铺首页参考效果

【素材位置】配套资源：\ 素材文件 \ 第 4 章 \ "家具店铺" 文件夹

【效果位置】配套资源：\ 效果文件 \ 第 4 章 \ 移动端家具店铺首页 .psd

第**5**章

商品详情页视觉营销

本章导读

　　商品详情页是电商视觉设计的重中之重，也是消费者获取商品信息的主要渠道。能不能在浏览商品详情页的第一眼就获取到感兴趣的内容，是消费者决定是否继续浏览该商品详情页、完成最终转化的关键。因此，要想做好商品详情页视觉营销，进一步提高商品的成交量与转化率，必须先了解商品详情页，对其做好有效规划后再进行设计。

知识目标

1. 熟悉商品详情页的主要结构、沟通框架及文案应用
2. 掌握商品详情页的设计方法

能力目标

1. 能够梳理并规划商品详情页的逻辑框架
2. 能够设计商品焦点图、卖点图、细节图、参数图及关联营销图

素养目标

1. 提升分析与提炼商品卖点的能力
2. 增强诚信意识，保证商品描述的真实性，不夸大宣传

案例展示

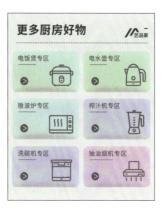

焦点图　　　　　　　　　　　卖点图　　　　　　　　　　关联营销图

5.1　规划商品详情页

商品详情页是刺激消费者下单的重要页面。从商家的角度看，刺激消费者购买是商品详情页的首要任务，而要实现这一目的，就必须了解商品详情页的页面规划逻辑，通过有条理的视觉展示循序渐进地影响消费者，引起消费者的兴趣，打消消费者的顾虑，一步一步促使其消费。

5.1.1　商品详情页的主要结构

清晰的商品详情页结构有利于提高消费者的体验，降低商品详情页的跳出率，增加消费者在商品详情页的停留时间，从而促进商品销售。商品详情页的结构并不是固定的，在实际制作时可根据商品的具体情况、商家的要求和目标消费者的需求进行商品详情页内容的增减。

- **焦点图**。焦点图一般位于商品详情页最上方，用于展现商品卖点，促销活动和特价优惠等促销信息，以及品牌形象和设计理念。美观有趣的焦点图不但能展现商品特点，还能提升消费者的好感度，吸引他们继续浏览。

- **商品卖点图**。商品卖点图是指展示商品特点，为消费者提供商品决策信息的图片。巧妙地摆拍商品或为商品添加吸引人的背景，可让店铺的商品展示效果看起来更美观，能更好地展示出店铺商品的优势，同时配合广告文案，可使消费者充分了解商品信息。但需要注意，商品卖点图的背景不能影响商品的展示。

- **商品参数图**。商品参数图又称商品信息展示图、商品规格图，用于标准化地展示商品的名称、尺寸、颜色、数量、容量等信息，以便消费者准确地把握商品的规格参数。

- **商品细节图**。商品细节图是消费者深入了解商品的主要途径，在制作该图时，把商品的优势细节展示出来，能有效促进订单的生成。

- **功能展示图**。若消费者购买商品重视的是其功能，那么在进行商品详情页设计时需要添加功能展示图，将商品的各个功能详细的解析。

- **包装展示图**。精美的包装是体现商品服务质量的重要部分，是店铺营销实力的体现。展示包装能够给消费者带来安心的购物体验。

- **促销活动图**。促销活动可以获得更多流量和订单，最终获得更大的收益。在商品详情页中添加商品促销活动图，能够在消费者的购物决策中起到"临门一脚"的作用。

- **质量保证图**。商品质量通常是很多消费者比较担心的问题。在商品详情页中展示商品检验报告、合格证书、晒好评及三包服务可以打消消费者的顾虑。

📋 知识补充

商品检验报告是在商品出售前进行质量检查得出的用以鉴定商品质量是否达标的书面证明。商品检验报告是保证商品质量的重要证据。

- **品牌推广图**。品牌对店铺具有重大意义，因此任何有助于提升品牌形象、加深消费者品牌记忆的事情都十分重要。在商品详情页中讲述品牌故事、展现品牌理念、树立品牌形象，可以让消费者感受到品牌定位，唤起消费者内心对品牌的共鸣。

- **商品快递与售后图**。商品快递与售后图能有效减少消费者在购买时产生的误会，减少很多售后问题。商品快递与售后图主要包含商品的包装、服务承诺、品质保障、7天无理由退换货等信息，往往位于商品详情页末端，目的在于用真挚的服务打消消费者的购物顾虑，最终促成消费者购买。

- **关联营销图**。关联营销图可以位于详情页顶端，也可以在商品基本信息之后或在详情页末尾展示。在关联营销图中推荐的商品可以为消费者提供专业的搭配意见，让消费者一次性购买更多商品，提升店铺销售业绩和客单价；在该图中推荐类似的商品可以在消费者不满意当前商品时给出更多的选择，尽可能地留住消费者，提高店铺的流量转化率。

图5-1所示为某拖鞋的部分商品详情页，主要包含关联营销图、焦点图、参数图、卖点图、品牌推广图等内容。

图5-1　某拖鞋的部分商品详情页

由图 5-1 可知，该详情页顶部为关联营销图，其横排海报样式的视觉展示效果十分醒目；关联营销图下方为焦点图，以商品为展示重点，搭配恰当的文案，有效提高了商品的视觉效果，引人注意；接下来是参数图和卖点图，简洁的图标和表格样式使信息展示十分清楚，既具有设计感和排版上的美观性，又方便消费者快速识别所需信息；随后为多张商品卖点图，运用合理的元素直观地体现卖点，方便消费者理解，同时可以刺激消费者对商品卖点的联想；最后为品牌推广图，通过简单的图文搭配展示品牌信息，加深消费者对品牌的印象，达到传播品牌的目的。

5.1.2　商品详情页的沟通框架

商品详情页的视觉效果是吸引消费者持续浏览的重要因素。为了迎合消费者喜好，与消费者进行有效沟通，设计商品详情页时可以按照一定的逻辑结构，深入了解消费者需要的基本信息和商品详情页的基本要素，再去搭建与消费者的沟通框架，从而让消费者充分了解商品信息，促成商品成交。

1. 消费者需要的基本信息

在搭建商品详情页的沟通框架之前，先要了解消费者希望在商品详情页中看到的信息，并整理出基于商家需求的营销要素。根据 AIDMA 法则，消费者在购物时的心理变化主要表现为 Attention（引起关注）→ Interest（引发兴趣）→ Desire（唤起欲望）→ Memory（加深记忆）→ Action（决定购买）等阶段。为了迎合消费者这种购物心理，商品详情页就应该具备引起关注、引发兴趣、加深了解、刺激购买、促使分享的特点。一般来说，消费者希望在商品详情页中了解的信息主要包括商品展示图、商品细节图、商品参数图、模特图或实际使用图等，此外商品评价、真人试穿或试用效果也是消费者十分关注的信息。

2. 商品详情页的基本要素

商品详情页的主要作用是促使消费者购买商品，因此除了要展示消费者需要的基本信息，还要展示更丰富的、有助于进一步打动消费者的信息，实现成交的目的。商品详情页的基本要素包括商品、服务、营销、品牌和互动 5 个部分。

- *商品*。商品详情页的商品信息要精炼且全面，包括商品名称、图片、规格参数、价格、库存、功效、工艺、品质、使用场景和品牌等方面。商品信息的表达要通俗易懂，方便消费者深入了解商品。
- *服务*。服务是商品的附加价值，消费者不仅关注商品本身，同时也关注与交易相关的服务。当消费者在选购相同的商品时，通常会优先选择服务质量更好的。一般来说，与交易、品质、售后、物流等相关的服务都是消费者重点关注的信息。
- *营销*。营销是促使消费者下单的有效手段，包括价格优惠、赠品、关联推荐等。在展示营销信息时，商家可以灵活利用消费者的从众心理，对热卖榜单、人气榜单中的商品进行推荐，或者营造限时打折的紧迫感，促使消费者在短时间内做出消费决策，提高营销效果。

- **品牌**。品牌是影响消费者购买行为的重要因素，品牌知名度高的商品能降低消费者的消费顾虑，增加商品转化率；而品牌知名度不高的商品，则可以通过展示商家信誉、商家资质、店铺评分等方式降低消费者的顾虑。商家信誉、官方自营、品牌认证、品牌故事等都有利于提高消费者对品牌和商品的信任度。

- **互动**。互动是指消费者与商品详情页的交互，如咨询、收藏、加购物车、购买、分享、评价、关注等。商家可以通过引导消费者的互动，提高商品详情页的转化率。

3. 搭建商品详情页沟通框架

基于消费者和商家两方的需求，可以搭建商品详情页的沟通框架。以某空调商品为例，通过大数据分析，可得知该商品的目标消费人群最关注的商品信息依次为服务、商品、功能、品牌、性价比、使用场景，其中服务方面更关注装机、售后和物流，商品方面更关注质量、材质和做工等，功能方面更关注制冷制热速度、静音效果、能耗等。根据以上信息，可以搭建表 5-1 所示的空调商品详情页沟通框架。

表5-1　空调商品详情页沟通框架

作用	板块	文案概述	画面要求
引起关注	促销活动	活动折扣、赠品	展示折扣和赠品
	展示服务	×× 空调　售后无忧	展示售后内容
	商品焦点图	省电新升级　节能 24%	展示商品应用场景图
引发兴趣	商品主卖点	节能、智能	相关展示图
	商品主卖点	制冷制热速度快	家居场景
	商品主卖点	质量、材质	相关展示图
加深了解	商品展示	操作便捷	家居场景
	商品展示	外观、安装、配件、参数	相关展示图
	服务标准	安装、维修、物流服务	相关展示图
刺激购买	售后说明	略	相关展示图
	保养说明	略	相关展示图
	品牌展示	略	相关展示图
	关联营销	略	相关展示图

图 5-2 所示为美的空调的部分商品详情页。其商品详情页先展示商品焦点图，突出空调的主要卖点——节能；然后依次展示一键操作、使用场景、材质、细节等卖点，引发消费者的兴趣；再通过展示商品参数，加深消费者对商品的了解；最后，对售后服务、常见问题进行说明，打消消费者的购物顾虑，促使消费者下单购买。

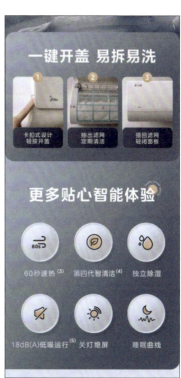

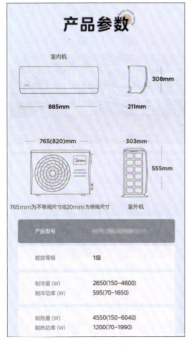

图5-2　美的空调的部分商品详情页

📖 经验之谈

　　若想通过商品详情页号召犹豫不决的消费者快速下单，可从完善商品细节、挖掘消费者痛点和商品卖点、对比同类商品、展示第三方评价、展示品牌附加值、打动消费者情感、塑造拥有感等方面入手。

5.1.3 商品详情页的文案应用

商品详情页的文案是对商品卖点和参数的阐述说明。从视觉上说，美观的文案设计和排版可以提高画面美观程度，使画面显得更丰富、平衡。从营销的角度看，商品详情页的文案应与详情页沟通框架相结合，通过文字和图片的配合，潜移默化地影响消费者，达到更好的营销效果。根据商品详情页的沟通框架，可以将商品详情页的文案分为以下4种类型。

1. 引起关注的文案

引起关注的文案主要在商品详情页顶部、商品焦点图等区域呈现，包括商品核心卖点、商品促销信息、商品广告语等内容，其作用是突出消费者关注的核心内容，提高消费者浏览商品核心信息的效率。图5-3所示的商品详情页文案中，第一张商品焦点图的文案通过呈现品牌、品质相关内容引起消费者的关注，第二张营销活动文案通过呈现产品实力、实际优惠相关内容引起消费者的关注，第三张商品服务文案通过展示服务质量引起消费者的关注。

引起消费者关注的文案一般要呈现消费者最关心的内容，并简单直观地展示核心信息，以缩短消费者接收信息的步骤，快速吸引消费者的注意力。

图5-3　引起关注的文案

2. 引发兴趣的文案

引发兴趣的文案可以有效激发消费者对商品的潜在需求，如说明商品的核心卖点、描述商品外观或使用场景等内容，都可以有效引起消费者的兴趣，激发消费者的购买欲望。图5-4所示的电饭煲详情页文案，不仅强调了商品的功能卖点，还突出了商品的艺术性外观，给消费者传递出个性、可爱、温暖等感受，将消费者带入愉悦的商品使用氛围中，使消费者产生对商品使用的美好联想，同时也加深了消费者对商品的印象，并提高了其对商品的好感。

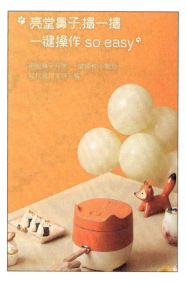

图5-4　引发兴趣的文案

3. 加深了解的文案

加深了解的文案主要用于帮助消费者更全面地了解商品，打消消费者对商品的顾虑，常运用在细节图、包装图、参数图等位置，以进一步提高消费者对商品的信任。图 5-5 所示的文案，分别展示商品详细信息、商品安装方式、商品热销程度等内容，从商品质量、商品使用、商品口碑等方面宣传商品，从而加深消费者对商品的认识。

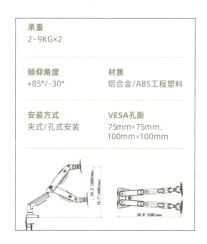

图5-5　加深了解的文案

4. 刺激购买的文案

刺激购买的文案可以运用在商品的促销活动及套餐搭配等区域，如套餐优惠、赠品、店内活动、包装附加值等模块，让消费者快速下单购买；也可以用于商品详情页最后的品牌展示、服务质量展示、资质实力展示、物流信息展示等模块，突出品牌质量、商家承诺、快递物流、售后服务等信息，打消消费者的购物顾虑。图 5-6 所示的商品文案，分别展示了商品专利、商品品牌、礼盒包装等信息，促使消费者购买。

图5-6　刺激购买的文案

为了规范化管理店铺和商品，给消费者带来良好的浏览体验，许多电商平台都对商品详情页中的内容制定了一系列规范。例如，淘宝网规定商品描述必须准确、清晰地表述商品的性能、功能、产地、用途、质量、成分、价格、生产者、有效期限、承诺等信息；同时法律法规或行业规范要求明示的内容，应当显著、清晰地表示出来，如食品、化妆品类的临保商品应明确质保期或过期时间等。在设计商品详情页文案时，应严格遵循这些规范，养成良好的设计习惯。

5.2　设计商品焦点图

商品焦点图常作为商品详情页的第一张主形象图，是消费者最先看到的商品展示效果，也是消费者建立起对商品的视觉好感度的关键。如果焦点图能够给消费者留下较好的印象，就可以有效引导消费者继续浏览商品详情页。

5.2.1　商品焦点图的设计要点

商品焦点图的视觉设计与商品海报十分类似，通常使用精美的图片，搭配简单的核心文案，对商品进行深刻的展示。商品焦点图在设计上可以灵活运用各种设计元素，使用略微夸张的表现方式，以突出商品的整体形象、主要卖点或商品理念等，以极具视觉冲击力的画面吸引消费者的注意力，给消费者带来愉悦的视觉体验。图5-7所示的商品焦点图，就是通过简单的文案描述商品的核心特点，并以商品本身作为图片的视觉焦点，运用各种设计方式提高整张图片的美感度，吸引消费者的注意力。

商品焦点图中必须存在商品图像，且商品图像要呈现在画面的焦点位置，尽量减小装饰物所占用的空间。焦点图中的文案应尽量简短、精练，字体大小适中，以辅助展示商品特点并吸引消费者的注意力，若使用描述性文案，也不能遮挡画面中重要的视觉元素。

 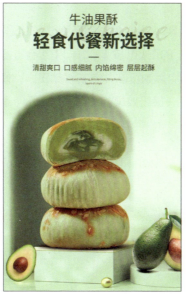 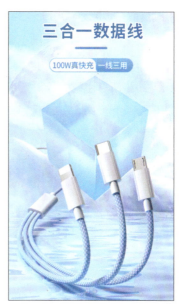

图5-7　商品焦点图

5.2.2　制作商品焦点图

本节以烤箱为例，介绍如何制作该商品详情页中的焦点图。由于该烤箱在外观和功能方面都有所创新，因此在设计焦点图时需要体现烤箱的外观和功能优势，使用烤箱的厨房场景图为背景，搭配"多功能烤箱　有颜值的实力派"标题，体现烤箱的精美外观和实用性，副标题可展现烤箱的型号和关键功能，充分展示烤箱卖点，并为消费者带来美好的视觉体验，具体操作如下。

制作商品
焦点图

步骤 01　新建大小为"750 像素 ×1100 像素"，分辨率为"72 像素 / 英寸"，名称为"焦点图"的文件。

步骤 02　选择"渐变工具" 🔲，设置渐变颜色为"#f6f6f4 ～ #d0d0c5"，拖曳鼠标指针从左至右为背景填充渐变颜色。置入"烤箱 .jpg"素材（配套资源 :\ 素材文件 \ 第 5 章 \ 烤箱 .jpg），调整大小和位置，效果如图 5-8 所示。

步骤 03　选择烤箱所在图层，单击"添加图层蒙版"按钮 🔲，选择"渐变工具" 🔲，设置渐变颜色为"#000000 ～ #ffffff"，拖曳鼠标指针从上至下为蒙版填充渐变颜色。

步骤 04　分别置入"Logo.png""绿叶 .png"素材（配套资源 :\ 素材文件 \ 第 5 章 \Logo.png、绿叶 .png），分别将素材拖曳至画面左上角和右上角，再调整大小和角度，效果如图 5-9 所示。

步骤 05　选择"横排文字工具" 🔳，在画面中央输入标题文字，设置字体为"抖音美好体"，文字颜色分别为"#a86229""#39503e"，并调整文字大小和位置；再在其上方、下方分别输入型号和功能文字，设置字体为"思源黑体 CN"，字体样式为"Medium"，文字颜色为"#213631"，调整文字大小和位置。

步骤 06　选择"矩形工具" 🔳，设置填充颜色为"#818f82"，描边颜色为"无颜色"，在 Logo 右侧绘制"1 像素 ×410 像素"的水平线；再在水平线右端绘制"5 像素 ×49 像素"的矩形，修改其填充颜色为"#39503e"。

步骤 07　选择"椭圆工具" ⃝，设置填充颜色为"#39503e"，描边颜色为"无颜色"，在标题下方绘制"19 像素 × 19 像素"的正圆；按【Ctrl+J】组合键复制正圆，向右略微移动正圆，并修改其图层不透明度为"37%"；再次复制正圆并向右移动正圆，修改其填充颜色为"#a86229"，图层不透明度为"27%"。保存文件，最终效果如图 5-10 所示（配套资源 :\ 效果文件 \ 第 5 章 \ 焦点图 .psd）。

图5-8　添加烤箱素材

图5-9　添加装饰素材

图5-10　最终效果

5.3　设计商品卖点图

商品卖点是指商品在材质、款式、功能、外观等方面有能够提高消费者对商品好感度的特点。商品卖点图的设计主要通过简明扼要的文案说明卖点，通过图片直观地展示卖点，以图文结合的方式加强对消费者的影响，使其深入认识和理解商品卖点。

5.3.1　商品卖点图的设计要点

为了提高商品卖点的视觉表现力，在展示商品卖点时，可以为卖点策划一个新颖、有趣的视觉方案，通过将卖点"视觉化"来吸引消费者的注意力，同时帮助消费者理解商品。商品卖点的"视觉化"可以采用恰当的美化和夸张手法，来营造与商品特质、功能、卖点相匹配的氛围，再通过对色彩、文字、版式等元素的合理运用，有效提高商品图片的视觉效果，与其他竞品形成差异和区别，进一步突出商品和品牌的视觉优势。图 5-11 所示的空气净化器卖点图，通过绿色植物、蓝天等大自然图像表现空气净化器可以产生的新鲜空气的效果；通过夜间卧室场景表现"睡眠模式"下的低噪轻音卖点；通过直观的过滤流程图表现空气净化器的"五重净化"能力。这些图片可以让消费者快速了解商品的卖点，并留下鲜明、直观的印象。

 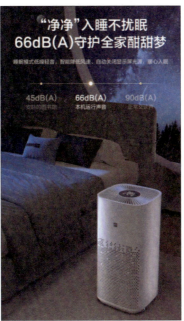 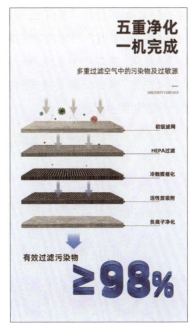

图5-11　商品卖点图

5.3.2　制作商品卖点图

　　本节继续以烤箱为例，介绍如何制作该商品详情页中的卖点图。首先，以图标的形式精练地概括烤箱的卖点，再以一屏一图的方式，分别展示烤箱的多种美食模式、内部烹饪状态、控温技术、手机智能控制等卖点，具体操作如下。

制作商品
卖点图

　　步骤 01　新建大小为"750 像素 ×5300 像素"，分辨率为"72 像素 / 英寸"，名称为"卖点图"的文件。

　　步骤 02　使用"矩形工具" 在顶部绘制与画布等宽的背景矩形，设置描边为"无颜色"，填充颜色为"#c3d7c8 ～ #d8e5da ～ #eef1ef"，渐变角度为"-135"；再选择"圆角矩形工具" ，设置填充颜色为"#ffffff"，描边颜色为"#507232"，描边宽度为"1 像素"，圆角半径为"25 像素"，在矩形中绘制一个圆角矩形，在"图层"面板顶部设置该图层的填充为"60%"。

　　步骤 03　打开"卖点图标 .psd"素材（配套资源 :\ 素材文件 \ 第 5 章 \ 卖点图标 .psd），将其中的图标拖曳至圆角矩形中整齐排列，然后使用"横排文字工具" 在每个图标下方输入卖点说明文字，卖点图标图的效果如图 5-12 所示。将上述涉及的图层整合到图层组中。

　　步骤 04　复制背景矩形，移动到下方，修改渐变角度为"135"，然后使用"矩形工具" 在右上角绘制 3 个灰色小矩形。选择"横排文字工具" ，在背景中分别输入"六大模式 享受烹饪美食""多种模式选择，烘烤更加随心，让你享尽美食""Function Oven /"文字。

　　步骤 05　选择"圆角矩形工具" ，设置填充颜色为"#ffffff"，描边颜色为"无颜色"，圆角半径为"25 像素"，在文字左下方绘制一个圆角矩形，再打开"美食 .psd"素材（配套资源 :\ 素材文件 \ 第 5 章 \ 美食 .psd），将其中的蛋糕图像拖曳至圆角矩形上，按【Alt+Ctrl+G】组合键创建剪贴蒙版。

步骤 06　使用"矩形工具" 🔳 在圆角矩形底部绘制填充颜色为"#46543b"的矩形，按【Alt+Ctrl+G】组合键创建剪贴蒙版，再使用"横排文字工具" 🔳 在该矩形上输入"烤蛋糕"文字，将"烤蛋糕"模块包含的所有图文内容创建为图层组。复制 5 个该图层组，修改图文内容，制作其他美食图像的模块，美食模式图的效果如图 5-13 所示。将步骤 04 ～步骤 06 涉及的图层和图层组整合到图层组中。

图5-12　卖点图标图

图5-13　美食模式图

步骤 07　置入"烤箱内部 .jpg"素材（配套资源 :\ 素材文件 \ 第 5 章 \ 烤箱内部 .jpg），将其移至美食模块下方，并将其调整至与画布等宽。

步骤 08　使用"横排文字工具" 🔳 在素材右上角输入"多功能烤箱""从容烹饪 怡享美味"标题文字，再在标题下方输入更详细的卖点描述文字。

步骤 09　使用"椭圆工具" 🔳 在标题左侧绘制两个白色实心正圆和 1 个白色描边的空心正圆，3 个圆大小相同并竖向排列。使用"矩形工具" 🔳 在标题右下方绘制 1 条白色横线，烤箱内部图的效果如图 5-14 所示。将步骤 07 ～步骤 09 涉及的图层整合到图层组中。

步骤 10　复制美食模式图的背景矩形，移动到烤箱内部图下方，修改填充颜色为"#eef1ef ～ #d8e5da ～ #c3d7c8"。使用"横排文字工具" 🔳 在矩形中输入"AETS 智能控温技术 温度更精准"标题文字，在标题下方输入更详细的卖点描述文字。

步骤 11　置入"温度曲线图 .png"素材（配套资源 :\素材文件 \ 第 5 章 \ 温度曲线图 .png），并将其调整至合适大小。使用"矩形工具" 🔳 在曲线图下方分别绘制填充颜色为"#dec36d""#629aa0"，大小均为"36 像素 ×36 像素"的正方形，再在下方绘制 1 条略短于画布宽度的深绿色横线。

步骤 12　选择"横排文字工具" 🔳，在 2 个正方形右侧分别输入"本款烤箱""其他烤箱"文字，在横线下方输入"以上数据由艺品家产品实验室测量，使用过程中可能会存在少许偏差"文字进行补充说明，控温技术图的效果如图 5-15 所示。将步骤 10 ～步骤 12 涉及的图层整合到图层组中。

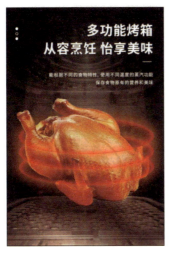

图5-14 烤箱内部图

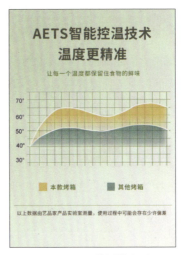

图5-15 控温技术图

步骤 13 复制控温技术图的背景矩形，移动到下方，修改渐变角度为"-135"。使用"横排文字工具" **T.** 在矩形靠左位置输入"手机智能控制 一键获得各种美味"标题文字，在标题下方输入更详细的卖点描述文字。

步骤 14 使用"矩形工具" ⬚ 在标题右侧绘制 1 个竖向的深绿色小矩形，将其复制 2 个并调整长度，在标题右下方绘制 1 个横向的深绿色矩形，在其左侧绘制 1 条深绿色横线。使用"椭圆工具" ◯. 在横线左侧绘制 1 个深绿色正圆，复制 1 个正圆并向右移动，再设置图层的不透明度为"41%"。

步骤 15 选择"圆角矩形工具" ◯，在文字下方绘制 1 个较大的圆角矩形。选择【图层】/【图层样式】/【投影】命令，打开"图层样式"对话框，设置投影颜色为"#4f5544"，其他参数如图 5-16 所示，单击 确定 按钮。

步骤 16 置入"手机遥控.jpg"素材（配套资源:\素材文件\第 5 章\手机遥控.jpg），将其移至圆角矩形上，按【Alt+Ctrl+G】组合键创建为圆角矩形的剪贴蒙版，手机遥控图的效果如图 5-17 所示，将步骤 13～步骤 16 涉及的图层整合到图层组中，最后保存文件（配套资源:\效果文件\第 5 章\卖点图.psd）。

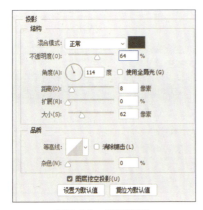

图5-16 设置投影

图5-17 手机遥控图

5.4 设计商品细节图

商品细节图是展示商品品质、赢得消费者好感的重要手段，也是留住消费者并成功交易的制胜关键。作为商品详情页视觉营销的重要组成部分，商品细节图可将商品的细节特征完整地展现出来，让消费者更详细地了解商品真实的外观，更直观、深入地感受商品本身的品质。

5.4.1 商品细节图的设计要点

商品细节图的视觉设计重点是传达消费者感兴趣的商品细节信息，一般需要根据商品性质选择不同的展示方式。展示方式主要有功能细节图、工艺细节图、服务细节图等。

- **功能细节图**。对于以功能为主要卖点的商品来说，功能细节图设计应注意形象化，避免使用冗长的文字进行介绍。在制作时应该以图示讲解为主，切忌将太多信息汇集到一张图片中讲解，以免给消费者阅读带来不便。图文结合地展示商品功能细节效果更佳，如图5-18所示。

- **工艺细节图**。对于以外观、做工为主要卖点的商品来说，一般采用局部放大的方式展示商品的材质或工艺造型方面的细节，体现商品的质感。在制作工艺细节图时，要尽量保证所描述的细节处于画面的中心，且做到主次有序。同样，不要在一个画面中描述多个细节，以确保重要细节突出，视觉信息明确。另外还要注意工艺细节图的品质，确保图片清晰美观，如图5-19所示。

- **服务细节图**。对于以服务质量为主要卖点的商品来说，合理展示商品的服务细节有助于提高消费者对品牌和商品的信任，如展示包装服务、物流服务和售后服务等细节，如图5-20所示。此外，对于一些易碎类商品，消费者会更加关注包装、物流等安全问题。商家可以在服务细节图的视觉设计中加入商品包装、运输服务、售后服务、退换货承诺、时效承诺、延保服务等内容的图片与说明，以在一定程度上消除消费者的顾虑。

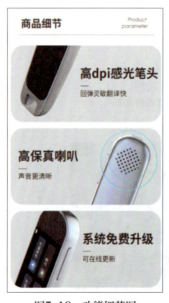

图5-18　功能细节图

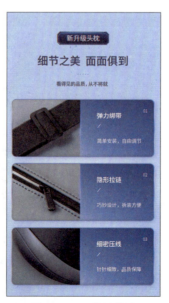

图5-19　工艺细节图

图5-20　服务细节图

5.4.2　制作商品细节图

制作商品
细节图

　　本节继续以烤箱为例，介绍如何制作其商品详情页中的细节图。考虑到增加烤箱销售量的目标，商品详情页中可展示烤箱的各处细节，如防滑底座、旋转式按钮、抽屉式烤盘、钢化玻璃门等，让消费者对烤箱有更详细的了解，具体操作如下。

　　步骤 01　新建大小为"750 像素 ×1600 像素"，分辨率为"72 像素 / 英寸"，名称为"细节图"的文件。

　　步骤 02　使用"矩形工具" 绘制与画布等宽的背景矩形，设置描边颜色为"无颜色"，填充颜色为"#eef1ef ～ #c3d7c8"，渐变角度为"135"。使用"横排文字工具" 在左上方输入"贴心细节设计"标题文字。

　　步骤 03　使用"横排文字工具" 在右侧输入"KX-8970"商品型号文字，再使用"矩形工具" 在商品型号右上方绘制 1 个小长方形，设置填充颜色为"#39503e"。

　　步骤 04　选择"钢笔工具" ，设置工具模式为"形状"，填充颜色为"无颜色"，描边颜色为"#39503e"，描边宽度为"2 像素"，描边类型为" "，在标题下方绘制 1 条水平虚线，再复制 3 条，用以分割版面，如图 5-21 所示。

　　步骤 05　置入"细节 1.jpg"素材（配套资源 :\ 素材文件 \ 第 5 章 \ 细节 1.jpg），将其移动到商品型号文字下方，并置于第一条、第二条虚线之间。

　　步骤 06　选择"横排文字工具" ，在素材左侧分别输入"防滑底座""稳固安全""01"文字，第 1 个细节模块的效果如图 5-22 所示。

　　步骤 07　使用与步骤 05、步骤 06 相同的方法，制作其他 3 个细节模块，最终效果如图 5-23 所示，最后保存文件（配套资源 :\ 效果文件 \ 第 5 章 \ 细节图 .psd）。

图5-21　分割版面

图5-22　制作第1个细节模块

图5-23　最终效果

5.5 设计商品参数图

在网上购物时，对于商品的一些具体参数，如材质、硬度、品质和厚薄等，消费者很难通过肉眼获取准确的信息。此时，就需要在商品详情页中制作商品信息展示图，说明参数，让商品详情页更具有参考性和实用性。

5.5.1 商品参数图的设计要点

商品参数是消费者非常关注的商品信息之一。清晰、准确、易理解的参数可以为消费者挑选商品提供很大的便利；反之，则不利于消费者对商品进行判断，从而使消费者难以做出购买决策。商品参数的表达方式多种多样，商家可以根据商品参数的具体情况、商品特征选用以下方式来设计。

- **直接展示参数**。使用简单示意图、形状或线条来展示商品参数，或者使用表格直接展示商品的特性、功能和规格等信息。图5-24所示为使用简单示意图和简洁的表格来直接展示商品参数。
- **商品参数与商品图片组合展示**。可以直接将商品参数展示在一张或多张商品图片中，如图5-25所示。如果商品参数较多，也可通过左表右图或左图右表的方式排列商品参数模块。对于有尺寸规格的商品，商家还可在商品图上添加尺寸标注，如图5-26所示。

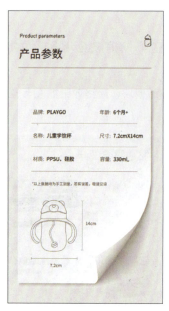

图5-24　直接展示参数

图5-25　参数在商品图中

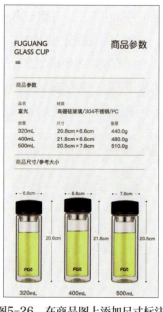

图5-26　在商品图上添加尺寸标注

5.5.2 制作商品参数图

本节继续以烤箱为例，介绍如何制作该商品详情页中的参数图。由于烤箱参数较多，确定每组参数的相对位置非常重要，因此可以先通过标题、图片、形状来布局画面，再依次完善每个部分的参数详情，具体操作如下。

步骤 01　新建大小为"750 像素×1780 像素"，分辨率为"72 像素 / 英寸"，

制作商品
参数图

名称为"参数图"的文件。设置前景色为"#eef1ef",按【Alt+Delete】组合键填充前景色。

步骤 02 打开之前制作的"细节图 .psd"效果文件,将其中的标题和商品型号文字,及周围装饰和水平虚线复制到新建的文件中,修改标题内容为"商品参数"。再复制 5 条水平虚线,移动到下方。

步骤 03 置入"线描图 .jpg"素材(配套资源 :\ 素材文件 \ 第 5 章 \ 线描图 .jpg),设置其图层混合模式为"正片叠底",效果如图 5-27 所示。

步骤 04 选择"钢笔工具" ✐,设置工具模式为"形状",填充颜色为"无颜色",描边颜色为"#000000",描边宽度为"1 像素",描边类型为"━━━━━━━",沿着线描图绘制 1 条尺寸标注线,并将其整合成图层组。再将该图层组复制 2 次,调整标注线位置和方向。

步骤 05 选择"横排文字工具" **T**,输入图 5-28 所示的文字。

步骤 06 置入"配件 .jpg"素材(配套资源 :\ 素材文件 \ 第 5 章 \ 配件 .jpg),将其移动到"商品配件"文字下方,效果如图 5-29 所示,最后保存文件(配套资源 :\ 效果文件 \ 第 5 章 \ 参数图 .psd)。

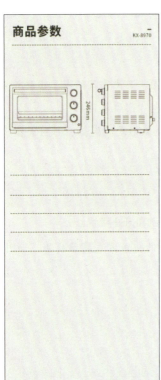

图5-27 置入与编辑素材

图5-28 输入文字

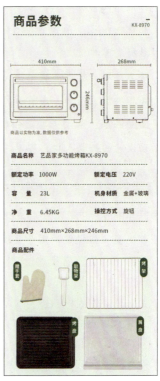

图5-29 最终效果

5.6 设计商品关联营销图

消费者在浏览了商品详情页的全部信息后,如果仍没有做出购买决策,很可能会离开店铺。此时,若在商品详情页中关联其他商品,则有可能留住对当前商品缺失兴趣的消费者,或促使消费者购买其他商品,提高店铺的成交率。

5.6.1　商品关联营销图的设计要点

在商品详情页中通过合理的引导，可将没有发生转化或已转化的优质流量引导至店铺中的其他商品页面，有助于避免流量的直接跳失。因此，通过关联营销让流量在店铺各子页面之间流转，可以尽可能降低跳失率，实现转化，达成销售。

1.　商品关联的形式

商品详情页的商品关联模块可以对页面流量进行有效导流，商品关联主要包括同类关联、品类关联、跨类关联和活动关联4种形式。

- **同类关联**。同类关联是指与当前商品功能、属性类似的商品关联。例如，某上衣的商品详情页中展示的关联商品同为上衣，但是它们在外形和功能上有一定的区别，能够极大地满足消费者的个性化需求。

- **品类关联**。品类关联是指关联商品同属于一个品类，但每个商品的功能作用都不一样。例如，当前商品为洗面奶，关联商品可设置为化妆水、乳液、眼霜等需要与洗面奶搭配使用的商品，在这种情况下消费者很可能会成套购买。此类关联形式适合跨品类数量较多的店铺，能够有效提高客单价。

- **跨类关联**。跨类关联是指关联商品的功能或属性与主商品不同，其主要目的在于搭配销售，提高客单价。例如，当前商品为服装，关联商品为鞋子、手提包、配饰等商品。

- **活动关联**。活动关联是指以宣传活动、促销为主题信息的关联形式。例如，针对大型促销活动设计的关联入口，可以将流量从单品页面中引导至活动页面。

2.　商品关联营销图的设计样式

根据当前商品的实际关联需求，可以为商品关联营销图使用不同的设计样式。

- **常规型**。常规型适用于关联商品较多的情况，通过整齐有序的排版方式展示商品，如图5-30所示。

图5-30　常规型

- **主次型**。主次型是根据商品的主次程度，调节商品在商品关联营销图中所占的版面，可以将消费者的关注点更多地引导到主要商品上去，视觉引导效果较好，如图5-31所示。
- **通栏海报型**。使用通栏海报的形式设计商品关联营销图，可以使关联商品更加醒目，商品形象与卖点展示得更加清晰，适合关联商品数量较少的情况，如图5-32所示。

图5-31　主次型

图5-32　通栏海报型

5.6.2　制作商品关联营销图

本节继续以烤箱为例，介绍如何制作该商品详情页中的关联营销图，以提升销售转化率。在关联营销图中，既可以展示与烤箱相关的配套产品，也可以展示店铺活动，或为店铺热销商品、新品引流等，具体可根据店铺当下的需求来选择，这里选择其中一种内容来设计，具体操作如下。

制作商品关联
营销图

步骤 01　新建大小为"750像素×920像素"，分辨率为"72像素/英寸"，名称为"关联营销图"的文件。设置前景色为"#eef1ef"，按【Alt+Delete】组合键填充前景色。

步骤 02　打开之前制作的"参数图.psd"效果文件，将其中的标题文字、水平虚线及周围装饰复制到新建的文件中，修改标题内容为"更多厨房好物"。

步骤 03　置入"Logo.png"素材，并将其调整至适当大小，移动到装饰下方。

步骤 04　选择"圆角矩形工具" ▣，设置填充颜色为"#cae5d1～#cceadf"，描边颜色为"无颜色"，圆角半径为"25像素"，在标题下方绘制1个圆角矩形。

步骤 05　选择【图层】/【图层样式】/【内发光】命令，打开"图层样式"对话框，设置内发光颜色为"#ffffff"，其他参数如图5-33所示，单击 确定 按钮。

步骤 06　使用"横排文字工具" T.在圆角矩形左上角输入"电饭煲专区"文字，在圆角矩形左下角输入"＞"文字。

步骤 07　使用"矩形工具" ▢.在"电饭煲专区"文字下方绘制一条与"电饭煲"3个字等长的灰色横线，使用"椭圆工具" ◯.在"＞"符号处绘制灰色正圆。

步骤 08　将步骤 06 和步骤 07 中的所有图层创建为图层组，设置该图层组的不透明度为"70%"。

步骤 09　打开"厨房好物.psd"素材（配套资源:\素材文件\第 5 章\厨房好物.psd），将其中的电饭煲图像添加到圆角矩形右侧。

步骤 10　选择"钢笔工具" ❷.，设置工具模式为"形状"，填充颜色为"#c9c9c9"，描边颜色为"无颜色"，在圆角矩形底部绘制弧形形状。

步骤 11　设置弧形形状图层的不透明度为"60%"，图层混合模式为"正片叠底"，然后将该形状图层创建为圆角矩形的剪贴蒙版，效果如图 5-34 所示。

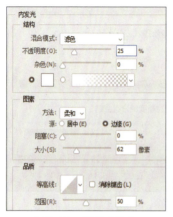

图5-33　设置内发光

图5-34　创建剪贴蒙版

步骤 12　选择【滤镜】/【模糊】/【高斯模糊】命令，打开"高斯模糊"对话框，设置半径为"8.4 像素"，单击 确定 按钮，将弧形形状制作成圆角矩形的底部阴影效果。

步骤 13　将步骤 04 ～步骤 12 的所有内容创建为图层组，复制该图层组并移动到右侧。

步骤 14　接下来编辑复制后的图层组，修改"电饭煲专区"文字为"电水壶专区"，将电饭煲图像删除，然后将"厨房好物.psd"素材中的电水壶图像添加到圆角矩形右侧（原电饭煲图像位置）。

步骤 15　选择圆角矩形图层，在"图层"面板底部单击"创建新的填充或调整图层"按钮 ❷.，在打开的下拉列表中选择"色相/饱和度"选项，打开"色相/饱和度"属性面板，设置色相为"-20"。

步骤 16　使用步骤 13 ～步骤 15 的方法，制作其他专区，最终效果如图 5-35 所示，最后保存文件（配套资源:\效果文件\第 5 章\关联营销图.psd）。

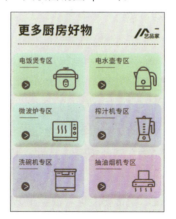

图5-35　最终效果

课堂实训——设计除螨仪详情页

实训目标

　　"WISDOM"店铺准备为一款除螨仪制作商品详情页，该商品主打"轻巧、深度清洁"等卖点，并且还具备深层穿透、每分钟44000次拍打、物理除螨、四重过滤和清洗方便等特点。在设计时可先通过焦点图体现除螨仪的使用场景，然后依次展现除螨仪的卖点，一步步加深消费者对商品的兴趣，接着展示工艺细节和商品参数等信息。要求除螨仪商品详情页的效果真实，图片质量清晰，色调和展示方式统一，展示信息详细，能使消费者产生购买冲动，参考效果如图5-36所示。

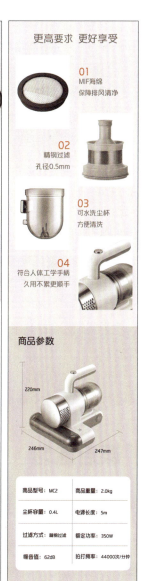

图5-36　除螨仪详情页参考效果

【素材位置】配套资源 :\ 素材文件 \ 第 5 章 \ "除螨仪"文件夹

【效果位置】配套资源 :\ 效果文件 \ 第 5 章 \ 除螨仪详情页 .psd

实训思路

步骤 01　新建文件，先制作焦点图。置入"焦点图 .jpg"素材作为背景，复制素材，调整图层混合模式和不透明度，输入标题和商品型号文字，然后在商品型号文字底部绘制圆角矩形，并在焦点图右上角添加"标志 .png"素材，整理图层到图层组内。

步骤 02　制作第 1 张卖点图。先添加"卖点图 1.jpg"素材，然后输入标题及卖点文字，并在每个卖点图像下方输入对应的说明文字。

步骤 03　制作第 2 张卖点图。置入"卖点图 2.jpg"素材作为背景，然后输入文字。

步骤 04　制作第 3 张卖点图。置入"卖点图 3.jpg"素材作为背景，然后输入文字，再在"253.7nm""99.99%"文字中间绘制竖线。

步骤 05　使用与步骤 03 ～步骤 04 相同的方法，制作第 4 张、第 5 张卖点图。

步骤 06　制作第 6 张卖点图。置入"卖点图 6.jpg"素材作为背景，然后输入文字，再使用"直线工具" /. 在除螨仪图像左上方绘制文字的分隔线。

步骤 07　使用与步骤 03 ～步骤 04 相同的方法，制作第 7 张、第 8 张卖点图，然后将步骤 02 ～步骤 07 涉及的图层整理到图层组中。

步骤 08　制作细节图。先绘制填充颜色为"#f4f3f3"的背景矩形，再输入"更高要求 更好享受"标题文字，然后在其下方绘制 4 个"330 像素 ×430 像素"的白色矩形，使其错落排列，然后整理相关图层到图层组中。

步骤 09　依次将"细节图 1.png ～细节图 6.png"素材添加到白色矩形上，并与对应的矩形创建剪贴蒙版，再在细节图旁边输入细节说明文字和序号文字，然后整理相关图层到图层组中。

步骤 10　制作参数图。先绘制填充颜色为"#e5e3e3"的背景矩形，再输入"商品参数"标题文字，然后在其下方添加"商品图 .png"素材，在素材周围绘制尺寸标注线并输入对应尺寸文字。

步骤 11　在素材下方绘制一个较大的白色圆角矩形，在圆角矩形中绘制横线和竖线用以制作表格，然后在表格中输入参数文字，整理步骤 10 和步骤 11 涉及的图层到图层组中，最后保存文件。

课后练习

练习1　设计家纺用品详情页

某店铺准备上新一套古典印花四件套，需要为其制作详情页，要求包含焦点图、细节展示图和使用情景展示图，展示家纺用品的精良品质，吸引消费者注意，激发他们对商品的购买兴趣，参考效果如图 5-37 所示。

图5-37　家纺用品详情页参考效果

【素材位置】配套资源：\素材文件\第 5 章\"家纺用品"文件夹

【效果位置】配套资源：\效果文件\第 5 章\家纺用品详情页 .psd

练习2　设计女包详情页

　　某女包店铺准备在 6 月 12 日上新一款女包，因此需要制作商品详情页，要求在详情页中充分体现女包的简约性和实用性，并展示女包的推荐搭配、尺寸、细节，参考效果如图 5-38 所示。

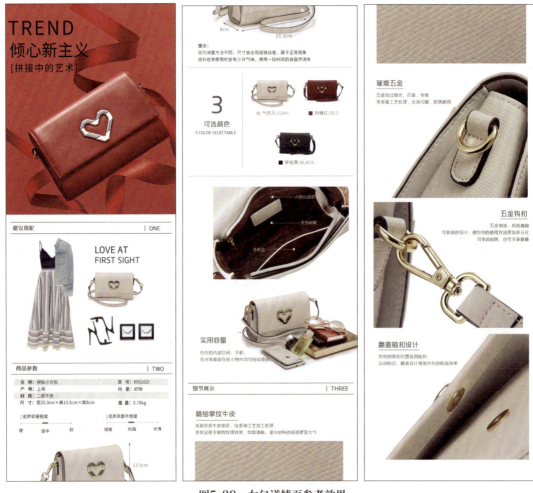

图5-38　女包详情页参考效果

【素材位置】配套资源:\ 素材文件 \ 第 5 章 \ "女包"文件夹

【效果位置】配套资源:\ 效果文件 \ 第 5 章 \ 女包详情页 .psd

第**6**章

广告与活动视觉营销

本章导读

广告宣传、活动营销是现在的电商商家运营店铺的重要手段。从活动预热到正式销售商品，商家通过广告推广、满减赠送等营销手段，可以迅速为店铺增加收入。广告可以为店铺带来高质量的流量，而活动则可以有效促成消费者的购买行为，提高转化率。从店铺的可持续发展角度来看，优秀的广告与活动视觉营销不仅能够完整地展示商品，有效提高商品销量，还可以使消费者加深对品牌的印象，提高品牌的辨识度和推广度。

知识目标

1. 熟悉广告视觉营销的作用，掌握直通车图、引力魔方图的设计要点
2. 掌握活动视觉营销的作用和活动页的设计要点

能力目标

1. 能够设计直通车图和引力魔方图
2. 能够设计活动页

素养目标

1. 倡导理性消费、绿色消费的健康消费观念，引导消费者形成正确的消费价值观
2. 严格遵守广告相关法律法规，坚持诚信原则，保证活动内容真实可靠

案例展示

直通车图

引力魔方图

活动页（局部）

6.1 广告视觉营销

在竞争日益激烈的电商环境中，当自然流量无法满足店铺的运营目标时，由广告引入的精准付费流量成了店铺提高销售额的重要手段。对商家来说，优秀的广告视觉营销可以为店铺和商品带来众多流量，从而为店铺创造更多利润。

6.1.1 广告视觉营销的作用

广告视觉营销的作用主要体现在以下几个方面。

- **引流**。广告视觉营销最大的作用就是引流，以淘宝平台为例，直通车、引力魔方等重要的广告位置都具有巨大的引流能力。商家通过付费参与广告位竞价，可将商品和店铺推广给更多有潜在需求的消费人群，进而为店铺带来收益。
- **推广品牌**。除了直接推广商品，广告视觉营销还可以将品牌推送至更多潜在消费者的眼前，提高品牌在目标消费人群中的识别度，进而提高品牌的影响力和附加价值。
- **控制成本**。在电商背景下，突出的广告视觉往往意味着高点击率，甚至高转化率，可以让商家投入更低而收益更高。从商家运营的角度来看，视觉效果更好的广告更容易被点击，引流效果也更好。同时，广告的点击率直接影响着商品和品牌的展现量和推广成本。

6.1.2 直通车图视觉设计与制作

淘宝平台的直通车是为淘宝商家量身定制的一种推广方式。直通车按消费者点击次数收费，可以精准推广商品，是淘宝商家为商品和店铺引流的重要工具。直通车可以提高商品的曝光量和点击率，有效增加店铺的流量，吸引更多消费者关注商品。

直通车中的创意推广图片即为直通车图，主要展示在关键词搜索结果页右侧及底部的掌柜热卖区域、我的淘宝首页、已买到宝贝页面底部、收藏夹页面底部，等等。

1. 直通车图的设计要点

直通车图的尺寸一般为 800 像素 ×800 像素，其视觉设计侧重于单个商品的信息传递或是销售诉求，制作时应遵循以下要点。

- **主题卖点简洁精确**。主题卖点要紧扣消费者的诉求，表述要简洁明了、直接精确。为了让消费者易于接受，标题文字尽量少而精，如图 6-1 所示。

- **构图合理**。直通车图的构图方式有很多，包括中心构图、三角构图、斜角构图、黄金比例构图等，但总体上要符合消费者从左至右、从上至下、先中间后两边的浏览习惯。同时，图文搭配比例要恰当，颜色搭配要和谐，如图 6-2 所示。应用文字时，要求文字的排列方式、行距、文字颜色、样式等要整齐统一，并通过改变文字大小或者颜色来清晰地呈现信息的主次。

- **具有吸引力**。使用新颖的设计、独特的展示角度、夸张直接的文案，可以让直通车图从众多图片中脱颖而出，快速吸引消费者，如图 6-3 所示。

图6-1　主题卖点简洁精确　　　　图6-2　构图合理　　　　图6-3　具有吸引力

2. 制作直通车图

本节以女包为例，介绍如何制作直通车图，要求重点突出女包的外观，展示会员优惠信息，为店铺引流，文字内容简洁、构图美观、色彩搭配和谐，具体操作如下。

制作直通车图

步骤 01　新建大小为"800 像素 ×800 像素"，分辨率为"72 像素 / 英寸"，名为"女包直通车图"的文件。

步骤 02　置入"女包 .jpg"素材（配套资源 :\ 素材文件 \ 第 6 章 \ 女包 .jpg），发现其色彩较为暗淡、亮度不足，如图 6-4 所示，因此可适当调整色彩。单击"创建新的填充或调整图层"按钮，在弹出的下拉列表中选择"亮度 / 对比度"选项，自动打开"属性"面板，设置亮度、对比度分别为"22""28"，效果如图 6-5 所示。

步骤 03　选择"圆角矩形工具"，设置填充颜色为"#e9e9e9"，描边颜色为"无颜色"，在画面右下方绘制一个圆角矩形。

步骤 04　选择"圆角矩形工具"，设置填充颜色为"#afd74b ～ #99de7a"，渐变角度为"180"，描边颜色为"无颜色"，左上角圆角半径为"99 像素"，绘制一个较大的圆角矩形；再在画面左下角绘制一个圆角矩形，在"属性"面板中修改填充颜色为"#000000"，右上角圆角半径为

"127 像素"。

步骤 05　选择"椭圆工具" ⬭，设置填充颜色为"#e7f32c"，描边颜色为"无颜色"，在黑色圆角矩形右侧绘制一个椭圆，再将其倾斜，效果如图 6-6 所示。

图6-4　置入素材

图6-5　设置亮度和对比度

图6-6　绘制椭圆

步骤 06　选择椭圆图层，单击"添加图层蒙版"按钮 ⬜，然后选择"橡皮擦工具" ✏，设置画笔样式为"柔边圆"，擦除椭圆右下方部分，制作渐隐效果。使用相同的方法处理右侧小圆角矩形左侧，效果如图 6-7 所示。

步骤 07　选择"横排文字工具" T，在画面中央输入图 6-8 所示的文字，设置合适的文字格式。

步骤 08　打开"优惠券 .psd""女包 Logo.png"素材（配套资源:\素材文件\第 6 章\优惠券 .psd、女包 Logo.png），将其中所有内容复制到直通车图的左上角和右上角，最后保存文件（配套资源:\效果文件\第 6 章\女包直通车图 .psd），最终效果如图 6-9 所示。

图6-7　处理形状

图6-8　输入文字

图6-9　最终效果

6.1.3　引力魔方图视觉设计与制作

　　引力魔方是淘宝平台提供的一种适用于移动端的营销工具，其主要用于焦点图场景和信息流场景两处。焦点图场景是指位于手机淘宝首页第一屏左下方较为显眼的大幅广告图，具有较高的曝光率和吸引力，消费者打开手机淘宝就能优先看到；信息流场景是指首页猜你喜欢（首页下方推荐板块）、购物中猜你喜欢（购物车底部）、购物后猜你喜欢（待收货底部）、红包互动权益（芭芭农场）等位置的广告图，具有较高的点击率和转化率。

1. 引力魔方图的设计要点

引力魔方图虽然尺寸多样，如 800 像素 ×800 像素、800 像素 ×1200 像素、513 像素 ×750 像素、750 像素 ×1000 像素，但不同尺寸的设计要点一致，主要有以下几个方面。

- **主体突出**。主体突出才能够吸引更多消费者点击，引力魔方图中须有商品主体，不得出现无实物主体、纯文字描述。商品主体应清晰、突出，装饰元素、文案及行动按钮不能遮挡商品主体的重要细节，如图 6-10 所示。
- **营销目标明确**。引力魔方图的营销目标很多，如上新，引流，预热大型活动，以及品牌形象宣传等。因此，在设计与制作引力魔方图时，要先明确营销目标，这样才能保证引力魔方图效果符合营销目标，如图 6-11 所示。
- **形式美观**。形式美观的引力魔方图能够获得消费者的好感，从而提高点击率。一旦完成素材选择和规划后，适当美化引力魔方图就显得尤为重要，如图 6-12 所示。

图6-10　主体突出

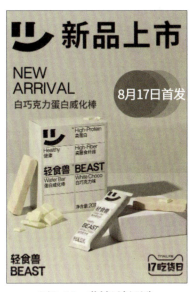

图6-11　营销目标明确

图6-12　形式美观

2. 制作引力魔方图

本节以化妆品为例，介绍如何制作引力魔方图，要求设计风格契合该品牌的典雅国风风格，重点展示该商品自然养肤的卖点，因此可考虑以中国山水画为设计灵感，凸显东方韵味。具体操作如下。

制作引力
魔方图

步骤 01　新建大小为"800 像素 ×1200 像素"，分辨率为"72 像素 / 英寸"，名称为"化妆品引力魔方图"的文件。

步骤 02　置入"复古山水 .jpg"素材（配套资源 :\ 素材文件 \ 第 6 章 \ 复古山水 .jpg），并调整其大小和位置，使其填充整个画面，以作为引力魔方图的背景。

步骤 03　置入"化妆品 .png"素材（配套资源 :\ 素材文件 \ 第 6 章 \ 化妆品 .png），将其调整至合适大小，并移至画面中间。按【Ctrl+J】组合键复制化妆品素材所在图层，按【Ctrl+T】组合键使该图层进入自由变换状态，将化妆品向左下方移动并逆时针旋转，效果如图 6-13 所示。

步骤 04　选择"矩形工具" ▢，设置描边颜色为"#ae9e77"，描边宽度为"2 像素"，填充为"无颜色"，在画面上方的中央位置绘制 1 个矩形线框。

步骤 05　选择"圆角矩形工具" ▢，设置描边颜色为"#ae9e77"，描边宽度为"2 像素"，填充颜色为"无颜色"，圆角半径为"8 像素"，在矩形左右两侧各绘制 1 个圆角矩形，组成卷轴形状，效果如图 6-14 所示。

图6-13　变换化妆品　　　　图6-14　绘制3个矩形

步骤 06　打开"国风装饰.psd"素材（配套资源：\素材文件\第 6 章\国风装饰.psd），将其中所有内容移至引力魔方图中，并调整其大小和位置，如图 6-15 所示。

步骤 07　选择"圆角矩形工具" ▢，设置填充颜色为"#2a938d"，描边颜色为"#fff5de"，描边宽度为"1.5 像素"，圆角半径为"27.5 像素"，在矩形上方绘制 1 个圆角矩形。

步骤 08　选择"椭圆工具" ◯，设置填充颜色为"无颜色"，描边颜色为"#cd0909"，在卷轴内部右下角绘制 1 个较小的红色正圆，效果如图 6-16 所示。

图6-15　添加装饰素材　　　　图6-16　绘制正圆

步骤 09 使用"横排文字工具" T.在圆角矩形中输入"植物萃取精华"文字，在矩形线框中输入"东方韵味""自然养肤"文字。

步骤 10 选择"东方韵味"文字图层，选择【图层】/【图层样式】/【斜面和浮雕】命令，打开"图层样式"对话框，设置高光颜色、阴影颜色均为"#135c58"，其他参数如图 6-17 所示，单击 确定 按钮。

步骤 11 在"东方韵味"文字图层上单击鼠标右键，在弹出的快捷菜单中选择"复制图层样式"命令。选择"自然养肤"文字图层，在其上单击鼠标右键，在弹出的快捷菜单中选择"粘贴图层样式"命令，最终效果如图 6-18 所示，最后保存文件（配套资源:\效果文件\第 6 章\化妆品引力魔方图 .psd）。

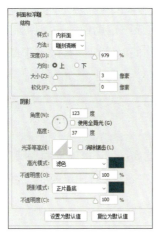

图6-17 设置斜面和浮雕

图6-18 最终效果

6.2 活动视觉营销

活动视觉营销是指电商商家在开展各种线上营销活动时设计的视觉效果，它可以营造良好的购物氛围，为店铺带来巨大的流量，促成更多的成交。如今，电商平台的活动种类十分丰富，包括节假日活动、周年庆活动、平台主题活动、店铺主题活动等。在商品同质化愈加严重的背景下，要想提高活动效果，有效吸引消费者参与活动，就必须懂得活动视觉营销的作用、设计要点，营造活动页促销氛围。

6.2.1 活动视觉营销的作用

商家可以根据自己的运营要求制订合适的活动计划，但在开展活动之前，商家需要了解活动视觉营销的作用，如店铺拉新、推广品牌、保持店铺动态更新等，明确自己开展活动的目的。

1. 店铺拉新

拉新是指获取新客户，也叫引流。新店铺通过开展促销活动，可以吸引新的消费者进入店铺；老店铺通过开展促销活动，不仅可以吸引新的消费者，还可以维护与现有消费者的关系，增加与现有消费者的互动，提升店铺活力与曝光量，挖掘更多的潜在消费者，促进店铺的销售额增长并形成良性循环，从而达到良好的营销效果。

2. 推广品牌

在策划活动时，很多商家不以直接销售商品为主要目的，而是展示品牌调性和文化，让被活动吸引过来的消费者对品牌产生印象和认知，从而提高品牌的知名度和影响力。口碑较好的品牌通常拥有自发的拉新和留存能力，忠实的消费者会自主参与到品牌宣传和推广中去。

3. 保持店铺动态更新

互联网时代的技术、消费者喜好、流行趋势、商品的更新换代频率都很快，一成不变的店铺难以带给消费者持续的刺激和影响。因此，店铺应该不定期做活动，保持店铺动态的更新频率，有利于维持消费者的兴趣，增强店铺的营销效果，同时还可以有效清理商品库存，提高商品的销量。

6.2.2　活动页的设计要点

精心设计的活动页不仅能够完整地展示店铺内的商品，还能够提高品牌形象，给消费者留下深刻印象并使其产生购买欲望。掌握以下设计要点有助于商家设计出优秀的活动页。

1. 确定活动主题

确定活动主题可以方便商家更好地定位活动页面的核心内容，提高页面的视觉效果和营销效果。电商平台的活动主要包括平台活动和店铺活动两种类型，每种类型的活动通常都会有一个明确的主题。例如，平台活动中的年终大促、"双 11"大促，是以年终、"双 11"这两个重要节点为主题开展的促销活动；而店铺活动中的店庆日、会员日等则是以店庆、会员回馈作为主题开展的促销活动。明确活动主题，可以将活动与特定的时间节点或营销目标相结合，增加活动的吸引力和消费者的参与度。

📖 **知识补充**

除了以上活动，商家也可以借助近期流行的元素、热门的话题等策划活动主题，如春季踏青、夏季避暑、冬季滑雪、开学季、毕业季等；或者根据商品特性策划个性化的活动主题，如为箱包商品策划以"旅游""行走"等为主题的促销活动，为运动商品策划以"飞跃""攀登"等为主题的促销活动。

---

2. 活动页面配色

活动页面的配色并没有固定的标准，一般可以根据主题来决定，如运动、科技主题多使用低明度的冷色调或无彩色。此外，商家也可以根据促销、季节、品牌这 3 个基本属性进行色彩的搭配。

- **促销**。对于直接展示促销信息的活动，一般会使用暖色调，以突出页面的视觉冲击力，营造热烈的促销氛围。图 6-19 所示的年终活动页中采用暖色调进行设计。

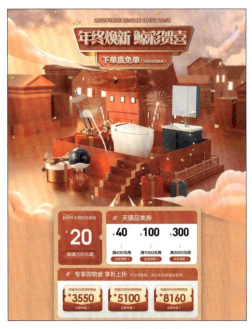

图6-19　年终活动页

- 季节。对于与季节相关的活动，则多选用与季节相关的颜色，如春绿、夏蓝、秋黄、冬白等。图6-20所示的春季活动页中大面积使用了绿色。
- 品牌。对于想要强调品牌的活动，可以在活动视觉设计中使用品牌配色，再搭配相应的促销元素。图6-21所示的品牌活动页，没有使用与春天密切相关的绿色，而是以品牌色蓝色为主色调。

图6-20　春季活动页

图6-21　品牌活动页

3. 活动页面布局

确定了活动主题和页面配色后，还需要为活动页面选择合适的布局形式，对店铺商品的展示层次和逻辑进行设计。

活动页面的布局与首页布局类似，商家可以根据自身需要将其划分为不同的板块，但仍需围绕商品进行布局。因此，要注意商品陈列的逻辑与层次，对大促商品进行逐层分解。当商品陈列区内容较多时，可以利用价格区间、品类、折扣等要素对商品进行分区，以方便消费者浏览和挑选，如图 6-22 所示。

图6-22　利用不同要素进行分区

6.2.3　营造活动页促销氛围

促销活动的本质是在限定时间、数量或平台的情况下，吸引消费者大量地购买商品，促成短期内的销售高峰，提高店铺的销售额。因此，在设计活动页时，要在活动页面中营造适当的促销氛围，促使消费者尽快购买。营造活动页促销氛围主要通过以下方式。

1. 突出时间的紧迫感

在将消费者引流至活动页面后，营造时间上的紧迫感可以促使消费者尽快做出购买决策，缩短犹豫时间。商家一般通过限定活动时间、活动商品数量或设置活动倒计时等方式，突出时间的紧迫感，如图 6-23 所示。还可以通过发布物流停运通知，给消费者营造一种紧迫感，促使消费者在活动时间内尽快下单。

2. 恰当的购买引导

恰当的购买引导是指通过促销活动使消费者产生购买意向后，再设计方便、人性化的购买引导，为消费者提供便利，如在商品描述的结尾处常显示"购物车""购买"等按钮。此外，商家也可在商品信息处继续向消费者展示优惠信息，让消费者更快地做出购买决策。图 6-24 所示的购买引导页面不但在商品下方设置了"立即购买"按钮，还在商品下方展示了价格立减的信息，这样既可以方便消费者直接选购商品，又可以加强对消费者的心理暗示，将消费者带入浓烈的促销氛围中，促使其尽快下单。

图6-23　突出时间的紧迫感

图6-24　购买引导页面

经验之谈

　　很多商家都在活动页以大篇幅海报的形式展示促销信息，然而，当消费者来到商品详情页面时，却发现没有显示任何折扣、满赠、免费礼品等优惠信息。此时消费者可能已经忘记浏览活动页时看到的具体促销内容，从而导致商家失去了再次说服消费者购买的机会。因此，商家还应该在商品详情页中重复提醒和展示优惠信息。

3. 实际的优惠

　　实际的优惠是指让消费者清楚地了解活动的具体优惠信息，让他们切实感受到优惠的力度，刺激其产生购买欲望和购买行为。实际优惠的形式很多，如折扣、满赠、免费礼品等。在展示优惠信息时，一定要具体、准确，如满减优惠往往直接展示满减金额，满赠优惠则直接展示赠送的商品。在选择赠品时，商家可以选择与店铺定位相关的赠品，也可以选择目标消费人群感兴趣的赠品。如果赠品信息具有一定的价值，也可以将其展示出来，让消费者感受到满赠的优惠。图6-25所示的满赠信息，直接展示了赠品的数量和价值，可以让消费者直观地体会到赠品的价值。

4. 具有氛围感的装饰元素

　　在活动页的设计中，为了进一步丰富页面效果，可以在活动页面中添加相关元素进行点缀装饰，如庆典活动中的烟花、灯笼，背景中点缀的亮光，或各种金币、红包、优惠券等，以增强页面中的促销活动氛围，如图6-26所示。

图6-25　满赠信息

图6-26　具有氛围感的装饰元素

6.2.4　制作年货节活动页

本节将为一家零食店铺制作年货节活动页，要求以红色为主色调，辅以金色和橙色，同时结合新年元素如金币、红包、烟花等进行装饰，营造出感染力强的新年促销氛围。页面布局应合理且富有层次感，并设置清晰的板块分区，包括活动海报、活动攻略、优惠券、礼盒区、单品区。图文应该和谐统一，具有代表性，展现零食的诱人外观和优质品质。具体操作如下。

制作年货节
活动页

步骤 01　新建大小为"1920 像素 ×7500 像素"，分辨率为"72 像素 / 英寸"，名称为"年货节活动页"的文件。

步骤 02　设置前景色为"#db3826"，按【Alt+Delete】组合键填充页面背景。先制作活动海报，置入"3D 场景 .jpg"素材（配套资源:\ 素材文件 \ 第 6 章 \3D 场景 .jpg），将其拖曳至页面顶部，并调整至与页面等宽，效果如图 6-27 所示。

图6-27　置入场景素材

步骤 03　打开"红色波浪 .psd"素材（配套资源:\ 素材文件 \ 第 6 章 \ 红色波浪 .psd），将其中的图层组分别拖曳至 3D 场景素材顶部和底部，效果如图 6-28 所示。

步骤 04　打开"氛围感装饰 .psd""海报商品 .png"素材（配套资源:\ 素材文件 \ 第 6 章 \ 氛围感装饰 .psd、海报商品 .png），将其中的所有图层组拖曳至 3D 展示台上，并调整至合适的大小和位置，效果如图 6-29 所示。

图6-28　添加红色波浪素材　　　图6-29　添加装饰和商品素材

步骤 05　置入"卷轴 .png"素材（配套资源:\ 素材文件 \ 第 6 章 \ 卷轴 .png），将其图像位置移至商品图像上方，并将其所在图层移至商品所在图层下方。

步骤 06　使用"钢笔工具"，沿着卷轴弧度在其内部绘制路径，然后选择"横排文字工具"，将鼠标指针移至路径左端，当指针变为形状时单击，输入"全场满 300 元减 40 元"文字，将字体、字体大小、字距、文字颜色分别设置为"庞门正道标题体""118 点""10""#001fbd"，打开"字符"面板，单击"仿斜体"按钮。

步骤 07　选择【图层】/【图层样式】/【渐变叠加】命令，打开"图层样式"对话框，设置渐变颜色为"#d60101 ～ #ff6631"，将混合模式、不透明度、样式、角度分别设置为"正常""100%""线性""-90"，单击选中"反向"和"与图层对齐"复选框。

步骤 08　在左侧单击选中"斜面和浮雕"复选框，在右侧设置高光颜色为"#ff7f00"，阴影颜色为"#ffffff"，其他参数如图 6-30 所示，单击 确定 按钮，效果如图 6-31 所示。

步骤 09　使用"横排文字工具"在满减卷轴上方输入海报标题文字，将字体、字体大小、字距、行距、文字颜色分别设置为"方正粉丝天下简体""239 点""-10""275 点""#700009"。

步骤 10　在工具属性栏中单击"创建文字变形"按钮，打开

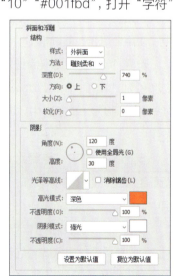

图6-30　设置斜面和浮雕参数

"变形文字"对话框，设置样式、弯曲分别为"花冠""+17%"，单击 确定 按钮。

步骤 11　选择【图层】/【图层样式】/【内发光】命令，打开"图层样式"对话框，将内发光颜色、混合模式、不透明度、大小分别设置为"#ff0011""滤色""75%""13"；在左侧单击选中"投影"复选框，在右侧单击选中"使用全局光"复选框，将投影颜色、不透明度、角度、距离、扩展、大小分别设置为"#950d16""75%""90""29""0""27"，单击 确定 按钮，效果如图 6-32 所示。

图6-31　制作满减卷轴　　　　　　　图6-32　为标题文字设置图层样式

步骤 12　按【Ctrl+J】组合键复制标题文字图层，将字体大小、字距、文字颜色分别修改为"235点""0""#eac376"，双击该图层右侧的空白区域，打开"图层样式"对话框，将投影颜色、不透明度、角度、距离、扩展、大小分别修改为"#ee3123""75%""120""3""27""32"，取消选中"使用全局光"复选框。

步骤 13　在左侧取消选中"内发光"复选框，单击选中"渐变叠加"复选框，在右侧设置渐变颜色为"#fff0b7～#fdd779"，设置混合模式、不透明度、样式、角度分别为"正常""100%""线性""90"，单击选中"与图层对齐"复选框，取消选中"反向"复选框，单击 确定 按钮。

步骤 14　打开"点缀光.psd"素材（配套资源:\素材文件\第 6 章\点缀光.psd），将其中的图层组移至标题上作为装饰，效果如图 6-33 所示。将活动海报有关图层和图层组整合到同名图层组中。

步骤 15　接下来制作活动攻略和优惠券区。打开"展示牌和红包.psd"素材（配套资源:\素材文件\第 6 章\展示牌和红包.psd），将其中的内容添加到活动海报下方，并将其调整至合适大小和位置，如图 6-34 所示。

步骤 16　使用"横排文字工具" T.输入图 6-35 所示的文字，然后利用"投影"图层样式，为文字添加轻微的投影效果，再将输入的文字整理成"活动攻略"图层组。

图6-33　海报标题效果

图6-34　添加素材

图6-35　输入活动攻略文字

步骤 17　使用"圆角矩形工具" ▢ 在展示牌中绘制圆角矩形，设置填充颜色为"#ff7b3b ～ #ffd3a9"，渐变角度为"105"。选择"椭圆工具" ○.，在工具属性栏中单击"路径操作"按钮▢，在弹出的下拉列表中选择"减去顶层形状"选项，然后在圆角矩形右上角和右下角绘制正圆，用以减去圆角矩形，形成缺口。

步骤 18　选择【图层】/【图层样式】/【斜面和浮雕】命令，打开"图层样式"对话框，将高光颜色、阴影颜色均设置为"#ffffff"，其他参数如图 6-36 所示，单击 确定 按钮，设置斜面和浮雕后的效果如图 6-37 所示。

图6-36　设置斜面和浮雕参数

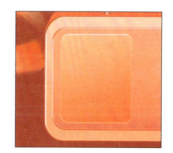

图6-37　设置斜面和浮雕后的效果

步骤 19　使用与步骤 17 相同的方法，在圆角矩形右侧绘制 2 个带缺口的白色圆角矩形，完成优惠券布局，效果如图 6-38 所示。

图6-38　优惠券布局效果

步骤 20　使用"横排文字工具" T.输入图 6-39 所示的文字。

图6-39　输入优惠券文字

步骤 21　打开"金币和按钮 .psd"素材（配套资源 :\ 素材文件 \ 第 6 章 \ 金币和按钮 .psd），把其中的内容拖曳至优惠券上，效果如图 6-40 所示。将活动攻略和优惠券区有关图层和图层组整合到同名图层组中。

图6-40　完成优惠券制作

步骤 22　接下来制作礼盒区。选择"钢笔工具" ∅.，设置工具模式为"形状"，填充颜色为"#ffe8d3"，描边颜色为"#ff4b29"，描边宽度为"6 像素"，在优惠券下方绘制一个猫头图形。

步骤 23　选择【图层】/【图层样式】/【内发光】命令，打开"图层样式"对话框，将内发光颜色、混合模式、不透明度、大小分别设置为"#db3826""正常""100%""59"；在左侧单击选中"外发光"复选框，在右侧将外发光颜色、混合模式、不透明度、大小分别设置为"#fed76d""滤色""69%""51"，单击　确定　按钮，效果如图 6-41 所示。

步骤 24　选择"圆角矩形工具" □.，设置填充颜色为"#f9e093 ～ #f3ac30"，圆角半径为"60 像素"，在猫耳朵之间绘制 1 个圆角矩形，将圆角矩形图层移至猫头图层下方。

步骤 25　使用"横排文字工具" T. 在圆角矩形中输入"星品年货礼盒"标题文字，选择【图层】/【图层样式】/【外发光】命令，打开"图层样式"对话框，将外发光颜色、混合模式、不透明度、大小分别设置为"#ffeab0""滤色""69%""51"，单击 确定 按钮，效果如图 6-42 所示。

图6-41　为猫头图形设置图层样式

图6-42　输入与设置标题文字

步骤 26　使用"圆角矩形工具" O. 在猫头图形中绘制 3 个圆角矩形进行布局，为其中较大的圆角矩形添加白色的"内发光"图层样式，效果如图 6-43 所示。

步骤 27　置入"礼盒 1.jpg"素材（配套资源 :\ 素材文件 \ 第 6 章 \ 礼盒 1.jpg），将其移至白色圆角矩形上，按【Alt+Ctrl+G】组合键创建剪贴蒙版。使用"横排文字工具" T. 输入有关该礼盒信息的文字，然后打开"按钮 .psd"素材（配套资源 :\ 素材文件 \ 第 6 章 \ 按钮 .psd），将其中的内容移至礼盒信息右下方，效果如图 6-44 所示。

图6-43　绘制圆角矩形

图6-44　制作商品模块

步骤 28　将该商品模块的所有内容编为图层组，复制该图层组并移到其下方，修改其中的图文内容，礼盒区效果如图 6-45 所示。将礼盒区有关图层和图层组整合到同名图层组中。

步骤 29　接下来制作单品区。复制猫头图形、板块标题和白色内发光的圆角矩形，并移至礼盒区下方，修改标题为"热销单品推荐"，调整其大小和位置。

步骤 30　置入"开心果 .jpg"素材（配套资源 :\ 素材文件 \ 第 6 章 \ 开心果 .jpg），将其移至白色内发光圆角矩形上，按【Alt+Ctrl+G】组合键创建剪贴蒙版。

步骤 31　选择"圆角矩形工具" ⬜，设置工具模式为"路径"，圆角半径为"30 像素"，在商品图像上绘制与白色圆角矩形等宽的圆角矩形路径，再选择【图层】/【矢量蒙版】/【当前路径】命令，效果如图 6-46 所示。

步骤 32　使用"横排文字工具" T.在商品图像下方输入商品名称和价格，然后添加与礼盒区相同的"立即加购"按钮，效果如图 6-47 所示。

图6-45　礼盒区效果

图6-46　蒙版效果

图6-47　单品模块效果

步骤 33　将该商品模块的所有内容编为图层组，复制 3 次图层组，修改其中的图文内容并调整位置，年货节活动页最终效果如图 6-48 所示，将单品区有关图层和图层组整合到同名图层组中，最后保存文件（配套资源 :\ 效果文件 \ 第 6 章 \ 年货节活动页 .psd）。

图6-48　年货节活动页最终效果

📖 **职业素养**

活动的宣传和推广必须严格遵守电商平台的规则和政策，不得使用违规手段进行推广，如虚假宣传、恶意竞争等，以保证活动页推广的合法性。活动页的内容必须真实、准确，包括活动主题、时间、优惠力度等，不能误导消费者。活动规则要详细清晰，明确展示活动的参与方式、条件、奖励等，避免消费者产生疑问或误解。同时，对于涉及消费者隐私和权益的问题，也要进行明确的说明和保护。

课堂实训

实训1　设计保温杯直通车图

实训目标

某店铺想在春游热门时段推广一款儿童保温杯，为此购买了直通车服务。现需要以儿童春季出游为主题，采用卡通风格，配以保温杯商品图片和促销文字，制作一张能够吸引消费者的直通车图，参考效果如图 6-49 所示。

图6-49　保温杯直通车图参考效果

【素材位置】配套资源 :\ 素材文件 \ 第 6 章 \ 保温杯背景 .jpg、保温杯 .psd

【效果位置】配套资源 :\ 效果文件 \ 第 6 章 \ 保温杯直通车图 .psd

实训思路

步骤 01　新建文件，置入"保温杯背景 .jpg"素材文件，输入"春天出游行"文字，为文字添加"描边""投影""渐变叠加""斜面和浮雕"等图层样式，使文字更加立体、美观。

步骤 02　选择"钢笔工具" ✐ ，在文字的右下侧绘制形状，然后在形状的上方输入"低至 5.8

折优惠"文字。

步骤03　打开"保温杯.psd"素材文件，将其中的保温杯图像拖曳至文件中并调整其大小和位置。使用"钢笔工具" 在保温杯的下方绘制波浪形状，然后在形状中输入优惠活动相关的文字。

步骤04　使用"椭圆工具" 绘制正圆，使用"矩形工具" 绘制矩形，在其中输入文字，最后保存文件。

实训2　设计"双11"活动页

实训目标

随着"双11"活动的到来，某计算机店铺为了促进商品销售，准备制作"双11"活动页。整个活动页分为活动海报、优惠活动区、商品推荐区3个板块。为了增加活动页的吸引力，可通过放大"双11"标题的方式，突出活动主题，然后用紫色、蓝色的背景颜色体现科技感，并结合红色增加活动的紧迫感，促使消费者快速下单。在优惠活动区中添加特权模块和优惠模块，进而吸引消费者购买商品，参考效果如图6-50所示。

图6-50　"双11"活动页参考效果

【素材位置】配套资源:\素材文件\第6章\"'双11'活动页"文件夹

【效果位置】配套资源:\效果文件\第6章\双11活动页.psd

实训思路

步骤01　新建文件，先制作活动海报。添加背景素材和矩形、灯光等装饰素材，使用"图层蒙版""图层混合模式""投影""渐变叠加"等图层样式美化海报图像。

步骤02　输入"11.11"标题文字，使用"外发光""描边"图层样式美化文字。绘制正圆并为其添加"外发光"图层样式，复制正圆，使其沿文字轮廓填充。

步骤 03　使用"多边形套索工具"绘制平行四边形，并填充渐变颜色。使用"投影"图层样式美化并复制 1 个平行四边形，然后在其中输入宣传标语文字，在标语上方输入"预售""优先购"文字。

步骤 04　制作优惠区。使用"矩形工具"、"钢笔工具"、"椭圆工具"绘制背景形状和装饰形状，然后输入特权和优惠信息。

步骤 05　制作商品推荐区。先制作 1 个商品模块，使用"矩形工具"绘制矩形进行布局，然后添加商品图片和装饰素材，并输入商品卖点及价格信息，添加购买按钮素材。

步骤 06　使用与步骤 05 相同的方法，制作其他商品模块，最后保存文件。

课后练习

练习1　设计家具引力魔方图

"特屿森"家具需要制作一张竖版引力魔方图。要求该引力魔方图以商品图片为主，文案要能概述品牌理念，如"来自大自然的优质树木"，整体风格典雅，参考效果如图 6-51 所示。

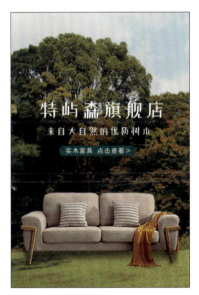

图6-51　家具引力魔方图参考效果

【素材位置】配套资源 :\ 素材文件 \ 第 6 章 \ 草坪 .jpg、双人沙发 .png

【效果位置】配套资源 :\ 效果文件 \ 第 6 章 \ 家具引力魔方图 .psd

练习2　设计七夕节活动页

在七夕节来临之际，"千羽"珠宝旗舰店展开"全店满 1000 元减 100 元"的活动，需要设计包含店招、导航、活动海报、优惠活动区、商品分类区、商品促销区的活动页，要求采用梦幻的设计风格和色调，营造浪漫、甜蜜的氛围，参考效果如图 6-52 所示。

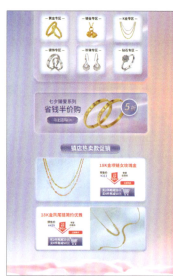

图6-52　七夕节活动页参考效果

【素材位置】配套资源 :\ 素材文件 \ 第 6 章 \"七夕节活动页"文件夹

【效果位置】配套资源 :\ 效果文件 \ 第 6 章 \ 七夕节活动页 .psd

第 **7** 章

电商短视频视觉营销

本章导读

在移动消费浪潮席卷而来的电商新时代，短视频已成为驱动店铺流量增长的重要引擎。短视频作为一种直观、真实的媒介，能使消费者深入了解商品详情。因此，通过短视频进行电商视觉营销，不仅能显著增强商品的展示效果，还能提升商品成交率，增强商家在市场中的竞争力。

知识目标

1. 了解短视频的特征与优势，以及其视觉营销价值
2. 熟悉主图短视频的内容选择和制作规范
3. 熟悉详情页短视频的内容选择和制作规范

能力目标

1. 能够设计与制作主图短视频
2. 能够设计与制作详情页短视频

素养目标

1. 提升创意思维，培养组织和策划能力
2. 能够通过电商短视频传播积极、正能量的内容，提高社会责任感

主图短视频　　　　　　　　　　　　　　　　详情页短视频

7.1　短视频与视觉营销

短视频是一种以短小精悍为特点的视觉呈现方式，其直观、生动的特性使商品展示变得更为立体和富有吸引力。为了提升消费者的购物体验，让消费者看到商品全面的动态展示效果，电商平台非常鼓励商家通过短视频展示商品，以快速传递商品信息，塑造品牌形象。

7.1.1　短视频的特征与优势

目前，电商平台上很多利用图文展示的内容正在被更直观、生动的短视频取代。短视频能够让消费者快速了解商品的特点、功能与品牌理念等，引发消费者对商品的兴趣，并产生购买意愿。在利用短视频进行视觉营销前，应先了解短视频的特征与优势。

- *内容丰富、短小精悍*。短视频时长较短，一般控制在 15 秒到 3 分钟之间，涵盖内容广泛，主要包括技能分享、广告创意、商品推荐和商品展示等。这些短视频都具有短小精悍、主题多样、灵动有趣和展示全面等特性。与传统媒体相比，短视频节奏更快，内容更紧凑，更符合人们碎片化阅读习惯，传播更方便，也更能充分地展示商品信息。
- *视频制作要求不高*。短视频制作的成本低，制作门槛也比较低，商家只需要掌握简单的视频编辑软件，如剪映、会声会影等，即可完成短视频的制作，有时候只需要一部手机就可以完成短视频的拍摄、制作和上传。
- *富有创造性*。短视频内容更丰富，表现形式更多样化，更符合当下年轻人的需求。商家可以通过充满个性和创意的构思和剪辑技巧，创作出精美有趣的短视频来表达品牌的想法和创意。
- *观点清晰*。在快节奏的生活方式下，消费者习惯于追求"短、平、快"的信息预览模式。短视频传达的信息清晰、内容充实，能够在短时间内向消费者完整地展示意图。

7.1.2　短视频的视觉营销价值

短视频视觉营销的价值包括两个方面，分别为实现多感官营销和具备较强的变现能力。

- **实现多感官营销**。短视频使原本单一的图文展示转变为听觉和视觉的集中体现，如通过视频画面加卖点文字并配合语音讲解的形式，从多个感官刺激消费者，使其更全面地了解商品并购买。
- **具备较强的变现能力**。在内容呈现方面，相较于传统的图文展示，短视频更能凸显商品的卖点，消费者在观看短视频时也更容易被短视频的内容吸引，从而极大地提高商品营销效率，实现营销变现。

7.2 主图短视频视觉营销

主图短视频是增加商品流量的关键，通常被展示在商品详情页第一屏的主图位置上。内容精彩、制作规范的主图短视频，不仅能够充分展示商品魅力，还能吸引消费者目光，进而促进流量转化。

7.2.1 主图短视频的内容选择

在制作主图短视频时，需要突出展示商品的外观、主要功能、卖点和工艺等关键信息。具体的视频内容可根据具体商品的特点而定，但最终目的都是更动态、全面、高效地展示商品，使消费者对商品产生兴趣，并促使消费者尽快下单。

1. 商品外观

对于外观设计型的商品，可通过多角度展示其外观设计中的亮点，以吸引消费者的注意力，如图 7-1 所示。

图7-1 多角度展示外观设计的亮点

对于款式、颜色多样的商品，可以逐一展示商品的不同款式和颜色，也可以同时展示，如图 7-2 所示。

对于需要模特的商品，可以展示模特穿着服装、佩戴饰品的场景，通过真实的视频画面让消费者感受到商品的材质和细节，如图 7-3 所示。

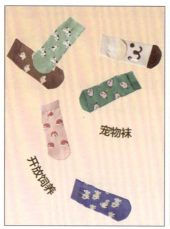

图7-2　同时展示多种款式和颜色

图7-3　通过模特展示商品

2. 商品主要功能

对于功能型商品，可以制作商品的使用演示、测评、使用效果对比等视频，以体现商品的实用性和高品质。图7-4所示为展示熨烫机使用效果对比的主图短视频。

当商品具有多个功能时，可为每个功能单独剪辑一段视频，再拼接在一起合成一个完整视频，或在一个画面中分屏展示多个功能。图7-5所示的主图短视频分别展示了多功能早餐机的煎和煮2个功能，以及吸尘器的吸尘、拖地、除螨3个功能。

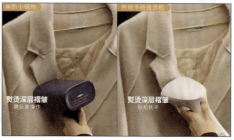

图7-4　测评熨烫机使用效果对比的主图短视频

图7-5 通过主图短视频展示商品的多个功能

3. 商品的独特卖点

对于一些与常规商品不同或具有创新设计的商品，可以突出展示其细节，如图 7-6 所示的画面中展示了吸尘机的创新式内置刀片和肘式弯管设计，这使其能够在第一时间抓住消费者的痛点，展示出该商品的独特之处。

图7-6 展示商品的独特卖点

4. 商品工艺

对于一些制作细节、工艺较佳的商品，可以展示商品的特写画面。图 7-7 所示的手机主图短视频展示了手机镜头的工艺，欲以此吸引并打动部分对商品品质有追求的消费者，促使其下单购买。

图7-7 展示手机镜头的工艺

对于电商短视频而言，优美的视频画面只是基础，其核心在于向消费者清晰地展示商品和品牌，因此其内容应该具备主题鲜明的特点，避免出现与商品、主题无关的视频画面，要确保整体内容的一致性和连贯性。

7.2.2 主图短视频的制作规范

不同平台对于主图短视频的要求均不相同，制作主图短视频前应先熟悉要上传平台的相关规定。以淘宝网为例，该平台的主图短视频制作规范如下。

- **视频大小**。建议不超过 300M。
- **视频尺寸**。分辨率在 1280 像素 ×720 像素（又称 720P，采用这种分辨率的视频为高清视频）及以上，比例可为 1：1 或 3：4。
- **视频时长**。建议 15 秒，最长不超过 90 秒。
- **视频格式**。WMV、AVI、MPG、MPEG、3GP、MOV、MP4、FLV、F4V、M2T、MTS、RMVB、VOB 和 MKV（阿里创作平台目前仅支持 MP4 格式）。
- **视频内容**。视频不能有剪辑软件的水印及 Logo、首尾帧黑屏、左右超过视频宽度 1/8 的黑白边；不能有闪屏及闪光灯效果；视频必须有声音，但不能是噪声；视频前 3 秒便出现商品全貌，不只是展示某个细节，片头内容不能与商品无关；视频不得涉及国家安全、政治敏感、色情淫秽等内容；视频无"牛皮癣"，无外部网站信息；视频内容必须与商品相关，不能是纯娱乐、纯搞笑段子；不能由纯图片组成视频，不建议将电子相册式翻页图片作为视频内容。

📋 **知识补充**

短视频中应避免的"牛皮癣"主要指这几种情况：使用多个区域面积大的文字铺盖画面，干扰消费者正常查看商品信息；文字区域的颜色过于醒目，且面积过大，分散消费者注意力；文字区域在商品中央，透明度高、面积大且色彩鲜艳，妨碍消费者正常观看视频。

7.2.3 制作主图短视频

某日用品店上新了一款棉拖鞋，为推广这款棉拖鞋，现要求运用提供的素材制作 3：4 比例的主图短视频，时长控制在 30 秒左右，要求商品展示清晰，色彩温暖，突出拖鞋的舒适与温暖特性。背景音乐应轻松愉悦，能营造温馨惬意的生活氛围。开头可展示具有动画效果的商品名称文字，再展示拖鞋在家居场景中的穿着效果，然后穿插细节和卖点，结尾展示不同的色彩款式，具体操作如下。

制作主图
短视频

步骤 01　打开 Premiere Pro 2020，单击 新建项目 按钮，或按【Alt+Ctrl+N】组合键打开"新建项目"对话框，设置名称为"拖鞋主图短视频"，单击 确定 按钮。

步骤 02　在"项目"面板中双击，或按【Ctrl+I】组合键打开"导入"对话框，选择"拖鞋"素材文件夹中的所有内容（配套资源:\素材文件\第 7 章\"拖鞋"文件夹），单击 打开(O) 按钮。

步骤 03 选择【文件】/【新建】/【序列】命令，或按【Ctrl+N】组合键打开"新建序列"对话框，单击"设置"选项卡，将时基、帧大小（水平）、帧大小（垂直）、序列名称分别设置为"25.00 帧 / 秒""1080 像素""1440 像素""拖鞋主图短视频"，单击 确定 按钮。

步骤 04 在"项目"面板中将"拖鞋 .jpg"素材拖曳至 V1 轨道开头，在其上单击鼠标右键，在弹出的快捷菜单中选择"速度 / 持续时间"命令，打开"剪辑速度 / 持续时间"对话框，设置持续时间为 4 秒，单击选中"波纹编辑，移动尾部剪辑"复选框，单击 确定 按钮。

步骤 05 在"效果控件"面板中调整图片大小和位置，使其填充整个画面，效果如图 7-8 所示。

步骤 06 将"简洁爱心边框 .mp4"素材添加到 V2 轨道开头，使用"速度 / 持续时间"命令设置其速度为"130%"，然后将鼠标指针移至轨道中的素材右端，当指针变为 状态时，向左拖曳该素材出点，使之与图片素材的出点相同。

步骤 07 在"时间轴"面板中将时间指示器移至 00:00:01:07 处，在"效果"面板中依次展开"视频效果""键控"文件夹，将其中的"亮度键"效果拖曳至 V2 轨道的素材中。然后打开"效果控件"面板，设置如图 7-9 所示的参数。

步骤 08 选择"文字工具" T ，在"节目"面板中输入商品名称文字。在"基本图形"面板中设置文字格式，参数如图 7-10 所示，然后在"节目"面板中将文字移至简洁爱心边框中央。

  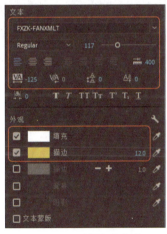

图7-8 调整拖鞋素材　　图7-9 设置效果　　图7-10 设置文字格式

步骤 09 在"时间轴"面板中，将文字素材拖曳至 V3 轨道入点处，调整该素材出点至与图片素材的出点相同的位置。

步骤 10 在"效果"面板中依次展开"视频过渡""擦除"文件夹，将其中的"双侧平推门"过渡效果拖曳至文字左端，按【Enter】键预览视频片头的动画效果，如图 7-11 所示。

步骤 11 将"拖鞋（1）.mp4"素材拖曳至 V1 轨道的图片右侧，在其上单击鼠标右键，在弹出的快捷菜单中选择"取消链接"命令，然后选中 A1 轨道中该素材的原始音频，按【Delete】键删除。使用相同的方法删除"简洁爱心边框 .mp4"素材的原始音频。

步骤 12 在"节目"面板中调整"拖鞋（1）.mp4"素材的位置和大小，使其刚好填充整个画面。

图7-11　视频片头的动画效果

步骤 13　将时间指示器移至 00:00:10:10 处，选择"剃刀工具" ，在时间指示器与 V1 轨道"拖鞋（1）.mp4"素材的交汇处单击，以分割素材。使用相同方法在 00:00:24:18 处分割素材。

步骤 14　选中分割后中间段的素材，按【Delete】键删除，再选中该素材留下的空白间隙，按【Delete】键删除，如图 7-12 所示。

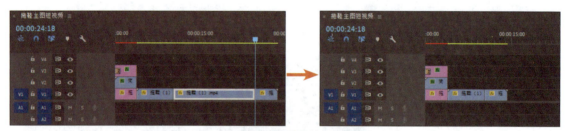

图7-12　删除中间段素材和空白间隙

📖 经验之谈

要想一次性同时删除素材和该位置留下的空白间隙，可选中该素材，在其上单击鼠标右键，在弹出的快捷菜单中选择"波纹删除"命令。

步骤 15　依次将"拖鞋（2）～拖鞋（6）.mp4"素材拖曳到 V1 轨道右侧，将"拖鞋（4）.mp4"素材的持续时间调整为 5 秒。

步骤 16　将时间指示器移至 00:00:04:21 处，将"箭头字幕条 .mp4"素材拖曳到 V2 轨道时间指示器右侧，调整该素材的大小和位置，设置速度为"400%"。

步骤 17　选中轨道中的"简洁爱心边框 .mp4"素材，在"效果控件"面板中选中"亮度键"栏，按【Ctrl+C】组合键复制。再选中轨道中的"箭头字幕条 .mp4"素材，在"效果控件"面板中单击，按【Ctrl+V】组合键，可将设置过的"亮度键"效果粘贴到该素材上。

步骤 18　选中该轨道中的"箭头字幕条 .mp4"素材，按【Ctrl+C】组合键复制。在左侧取消选中 V1 轨道，单击选中 V2 轨道，使"V2"背景呈蓝色，如图 7-13 所示。

步骤 19　将时间指示器依次移至 00:00:07:22、00:00:11:04、00:00:16:11、00:00:18:24、00:00:21:11、00:00:23:24、00:00:25:03 处，依次按【Ctrl+V】组合键粘贴素材。然后将最右侧的"箭头字幕条 .mp4"素材的出点拖曳至与视频出点相同的位置，如图 7-14 所示。

图7-13　切换目标轨道

图7-14　粘贴素材并调整出点

步骤20　在"节目"面板中，根据商品细节在画面中的位置，适当调整每个"箭头字幕条.mp4"素材的位置、大小和角度。

步骤21　将时间指示器移至00:00:06:11处，使用"文字工具"在"节目"面板的箭头字幕条中输入"时尚易穿"文字，在"基本图形"面板中将文字字体、字号、字距、填充颜色分别设置为"FZFW TongQu POPTiS""100""-100""#ffffff"，卖点文字效果如图7-15所示。

步骤22　在轨道中拖曳该文字素材的入点和出点使其与下方的箭头字幕条位置相同，然后在文字素材的入点处单击鼠标右键，在弹出的快捷菜单中选择"应用默认过渡"命令；在出点处单击鼠标右键，在弹出的快捷菜单中选择"应用默认过渡"命令，效果如图7-16所示。

图7-15　卖点文字效果

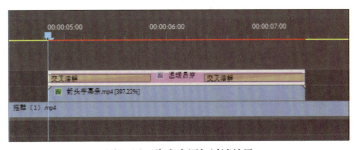

图7-16　为文字添加过渡效果

步骤23　使用与步骤21、步骤22相同的方法，在其他箭头字幕条中添加商品卖点文字。

步骤24　在"效果"面板中依次展开"视频过渡""溶解"文件夹，将其中的"胶片溶解"过渡效果拖曳至"拖鞋（1）.mp4""拖鞋（2）.mp4"素材之间。

步骤25　将"欢快.mp3"素材拖曳至A1轨道起始处，使用"剃刀工具"在视频出点处分割音频，然后删掉后半段音频。在音频出点处单击鼠标右键，在弹出的快捷菜单中选择"应用默认过渡"命令，此时"时间轴"面板如图7-17所示。

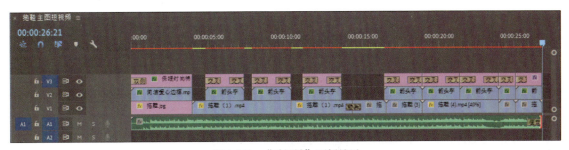

图7-17　"时间轴"面板效果

步骤26　选择【文件】/【导出】/【媒体】命令，或按【Ctrl+M】组合键，打开"导出设置"对话框，设置格式为"H.264"，设置输出名称、存储位置后单击 导出 按钮，可导出MP4格式的视频文件，最后按【Ctrl+S】组合键存储源文件（配套资源 :\效果文件 \ 第 7 章 \ 拖鞋主图短视频 .mp4、拖鞋主图短视频 .prproj），最终效果如图 7-18 所示。

图7-18　拖鞋主图短视频最终效果

7.3　详情页短视频视觉营销

　　详情页短视频通常与详情页图片交替展示，旨在丰富商品展示形式，通过生动、直观的方式展示商品细节和使用场景，为消费者提供更全面、深入的购物体验。它不仅能够弥补图文描述的不足，还能通过视觉冲击增强消费者的购买欲望。

7.3.1　详情页短视频的内容选择

　　详情页短视频的内容很大程度上影响着商品的购买率，因此，在制作详情页短视频时，除了补充说明主图短视频中未充分展示的功能或卖点，还可以额外展示商品的使用教程、商品的设计理念、商品的生产过程、品牌理念与品牌文化等内容。

1.　商品的使用教程

　　对于一些需要进行组装、拼接的商品，展示具体的操作过程，能够便于消费者了解该商品的详细情况，以确定其是否符合自身的购买需求。图 7-19 所示为使用动画和 3D 模型来展示桌子的组装操作步骤。

图7-19　展示使用教程

2. 商品的设计理念

对于一些具有情感寄托的商品，可以展示其设计理念或背后的故事，如拍摄一段相关场景来进行描述，赋予商品一定的文化内涵和风格特点，从情感角度打动消费者，促使其进行购买，如图 7-20 所示。

图7-20　展示设计理念

3. 商品的生产过程

对于一些商品，可以展示其具体的生产过程，以及使用的原材料等内容，从而打消消费者的疑虑，让消费者放心购买，如图 7-21 所示。

图7-21　展示生产过程

4. 品牌理念与品牌文化

当品牌需要扩大知名度或需要强化品牌整体性时，可以在该品牌旗下商品的详情页中添加与品牌文化理念相关的视频，向潜在消费者展示品牌形象、价值观和社会责任感，从而增加品牌的辨识度，如图 7-22 所示。

图7-22　展示品牌理念与品牌文化

7.3.2　详情页短视频的制作规范

与主图短视频相同，不同平台对于详情页短视频的要求也不一样，其中淘宝网平台对详情页短视频的要求如下。

- **视频大小**。不超过 1.5G。
- **视频尺寸**。建议分辨率大于 1280 像素 ×720 像素，尺寸有 4：3 和 9：16 两种规格。
- **视频时长**。视频时长不能超过 10 分钟，推荐时长在 2 分钟以内。

详情页短视频的格式和内容要求与主图短视频的相同，这里不再赘述。

7.3.3　制作详情页短视频

某店铺为自家的玉米商品拍摄了产地风景、生长过程、商品特写、生产过程、烹饪过程等视频素材，要求运用这些素材制作一个比例为 9：16 的详情页短视频，时长控制在 2 分钟以内，宣传玉米美味、鲜嫩、健康的卖点，以及"自然、健康、朴实、真诚"的品牌理念，具体操作如下。

制作详情页
短视频

步骤 01　打开 Premiere Pro 2020，新建"玉米详情页短视频"项目，导入素材（配套资源 :\ 素材文件 \ 第 7 章 \ "玉米"文件夹），新建一个时基、帧大小（水平）、帧大小（垂直）、序列名称分别为"25.00 帧 / 秒""1920 像素""1080 像素""玉米详情页短视频"的序列。

步骤 02　在"项目"面板中双击"玉米（4）.mp4"素材，在"源"面板中可预览该素材。在"项目"面板中将时间指示器移至 00:00:02:05 处，单击"标记入点"按钮；将时间指示器移至 00:00:17:18 处，单击"标记出点"按钮。

步骤 03　在"时间轴"面板中将时间指示器移至 00:00:00:00 处，在"源"面板中单击"插入"按钮，入点和出点之间的素材将插入时间指示器右侧。

步骤 04　取消该素材的音视频链接，并删除原始音频。在"节目"面板中调整视频素材大小，使其刚好填充整个画面。

步骤 05　预览发现该素材为阴天拍摄，色彩暗淡，可适当调色。在 V1 轨道中选中该素材，打开"Lumetri 颜色"面板，设置色温、曝光、阴影、自然饱和度分别为"-9.4""1.2""6.5""65.5"，调色前后效果如图 7-23 所示。

图7-23　为视频画面调色

步骤 06　使用与步骤 02～步骤 05 相同的方法，根据提供的"文案 .txt"素材，选择契合字幕内容的视频片段，依次添加到"时间轴"面板中，并根据具体情况为部分素材适当调色，或调整其播放速度。

步骤 07　利用"效果"面板或"应用默认过渡"命令，为"时间轴"面板中的素材添加合适的过渡效果。

步骤 08　利用 AI 智能语音生成工具，将文案转换为音频文件（配套资源:\素材文件\第 7 章\玉米\配音 .mp3），并导入"玉米详情页短视频"项目中，作为画面的解说配音。

📖 **知识补充**

　　AI 智能语音生成工具已成为制作电商短视频的得力助手，如布谷鸟配音、TTSmaker、Rask，还有功能更广泛的度加、剪映专业版等 AI 音视频工具。利用 AI 技术，能够高效地将文字转化为生动自然的语音，结合视频素材，可以快速生成高质量的电商短视频，提升视频制作效率，为电商视觉营销带来更多的创意与可能性。

步骤 09　将"配音 .mp3"素材添加到 A1 轨道，使用"剃刀工具" 🔪 在解说停顿处分割配音，根据视频画面内容，拖曳配音片段到对应的视频片段下方。

步骤 10　选择【文件】/【新建】/【字幕】命令，打开"新建字幕"对话框，在"标准"下拉列表中选择"开放式字幕"选项，保持其他默认设置不变，单击 确定 按钮。然后"项目"面板中将出现"字幕"素材，双击该素材，打开"字幕"面板，输入"文案 .txt"素材中的第一句内容，文字参数设置如图 7-24 所示。

图7-24　设置字幕参数

步骤 11　单击"字幕"面板底部的"添加字幕"按钮 ➕ ，接着输入第二句文案。重复操作，将"文案 .txt"素材中的内容全部输入为字幕，然后单击 ❌ 按钮关闭"字幕"面板。

步骤 12　将"项目"面板中的"字幕"素材拖曳到 V2 轨道起始处，在轨道中通过拖曳每段字幕的入点和出点，将字幕调整到与视频画面、解说词对应的位置，参考效果如图 7-25 所示。

图7-25　将字幕调整到与视频画面、解说词对应的位置

步骤 13　将时间指示器移至"伴随着清风付过大地的声音"字幕的入点，并将"大自然声音 .mp3"素材拖曳到时间指示器右侧的 A2 轨道中。

步骤 14　将"背景音乐 .mp3"素材拖曳到 A3 轨道起始处，在视频末尾使用"剃刀工具"📷分割背景音乐，并删除后半段，然后对该素材出点应用默认过渡效果。

步骤 15　打开"基本图形"面板，单击"浏览"选项卡，在其中选择"粗体出品"选项，拖曳到视频末尾的 V3 轨道中，设置其持续时间为 1 秒 24 帧，使其出点与视频出点对齐。使用"文字工具"📷修改其中的文字内容为品牌理念。

步骤 16　打开"效果控件"面板，设置位置、缩放分别为"960,485""188"。最后保存并导出 MP4 文件（配套资源：\效果文件\第 7 章\玉米详情页短视频 .mp4、玉米详情页短视频 .prproj），最终效果如图 7-26 所示。

图7-26　玉米详情页短视频最终效果

🖋 **职业素养**

玉米属于食用农产品，我国作为农业大国有着辽阔的疆域，农产品种类繁多。近年，农村电商的迅速发展带动了农村地区的产业发展，也促进了乡村振兴。在制作农产品题材的短视频时，首先要深入了解农产品的特质和优势，挖掘农产品的背景故事，如地理位置特点、种植技术、培育人的故事、乡村特色等，以艺术的手法表现农产品的健康、朴实、自然等卖点。

课堂实训

实训1　设计蜜瓜主图短视频

实训目标

某电商卖家为了提高蜜瓜农产品销量，在采摘地拍摄了一个主播现场采摘蜜瓜的视频，计划将其制作为一个主图视频，发布在淘宝店铺中。要求在视频中为主播在现场说的语音配上字幕，同时还要添加一些卖点文字。参考效果如图 7-27 所示。

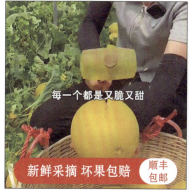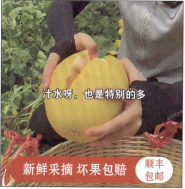

图7-27　蜜瓜主图短视频参考效果

【素材位置】配套资源:\素材文件\第 7 章\"蜜瓜"文件夹

【效果位置】配套资源:\效果文件\第 7 章\蜜瓜主图短视频 .prproj、蜜瓜主图短视频 .mp4

实训思路

步骤 01　新建项目并导入素材，在"项目"面板中将"水果视频 .mp4"素材拖曳到 V1 轨道上，其对应音频也自动添加至 A1 轨道中。

步骤 02　使用"钢笔工具" 在视频画面底部依次绘制红色和白色的圆角矩形。

步骤 03　使用"文字工具" 在圆角矩形中分别输入"新鲜采摘 坏果包赔""顺丰包邮"文字，然后调整文字的字体、位置和大小。

步骤 04　在轨道中调整图形、文字的入点和出点的位置至与水果视频的位置相同。

步骤 05　新建开放式字幕，根据音频内容输入对应的解说文字，并设置文字格式。

步骤 06　将字幕素材拖入 V3 轨道，根据每句解说音频出现和结束的时间，在轨道中拖曳调整每句字幕的入点和出点，最后保存文件，并导出 MP4 格式的视频。

实训2　设计茶叶详情页短视频

实训目标

　　"古茗茶舍"是一家以销售茶商品、宣传茶文化为主的店铺，最近该店铺上新了一款茶叶，需要在详情页中制作一个短视频，要求该短视频能展示茶叶的品质、工艺等卖点，视频效果具备吸引力，能够吸引消费者购买，参考效果如图 7-28 所示。

图7-28　茶叶详情页短视频参考效果

　　【素材位置】配套资源 :\ 素材文件 \ 第 7 章 \ "茶叶"文件夹

　　【效果位置】配套资源 :\ 效果文件 \ 第 7 章 \ 茶叶详情页短视频 .prproj、茶叶详情页短视频 .mp4

实训思路

　　步骤 01　新建项目并导入素材，在"项目"面板中将"详情页首图 .tif""茶叶视频素材 1.mov""茶叶视频素材 2.mov"依次拖曳到 V1 轨道上。

　　步骤 02　选择轨道中的全部素材，分离音视频，删除原始音频。

　　步骤 03　选择图片素材，修改其持续时间为 2 秒，然后调整各个素材画面的大小和位置。

　　步骤 04　使用"剃刀工具"■依次在 00:00:03:32、00:00:06:04、00:00:09:23、00:00:12:48、00:00:17:48、00:00:21:17、00:00:34:29、00:00:42:28、00:00:46:44、00:01:17:20、00:01:37:31、00:01:51:29 和 00:02:18:21 处分割视频素材。

　　步骤 05　依次删除第 3 段、第 4 段、第 5 段、第 6 段、第 7 段、第 9 段、第 11 段、第 13 段和第 15 段视频素材。

　　步骤 06　将时间指示器移动到 00:00:01:49 处，使用"文字工具"■输入"新鲜采摘品质保证"文字，然后调整文字的字体、位置和大小。

　　步骤 07　使用相同的方法在 00:00:09:23、00:00:11:22、00:00:17:48、00:00:38:23 处输入其他文字，调整文字的字体、位置和大小。

　　步骤 08　依次将茶叶印章图片素材拖曳到 V3 轨道上，将其时长调整为与下方文字时长相同，